सज्जन

(नाटक)

सज्जन

(नाटक)

जयशंकर प्रसाद

भूमिका

जगन्नाथ प्रसाद शर्मा

वाणी प्रकाशन

प्रकाशन के उत्कृष्टतम 62 वर्ष

सजिल्द प्रथम संस्करण : 2025

vaniprakashan.com

वाणी प्रकाशन

4695, 21-ए, दरियागंज, नयी दिल्ली-110 002

फ़ोन : + 91 11 23273167, 23275710

शाखाएँ

अशोक राजपथ, पटना-800 004, बिहार

कॉफ़ी हाउस कैम्पस, महात्मा गांधी मार्ग, प्रयागराज-211 001, उत्तर प्रदेश

महात्मा गांधी अन्तरराष्ट्रीय हिन्दी विश्वविद्यालय, वर्धा-442 001, महाराष्ट्र

sales@vaniprakashan.in

vaniprakashan@gmail.com

SAJJAN

by Jaishankar Prasad

ISBN : 978-93-7348-211-8

Play

मूल्य : ₹ 295

जी.एस. ऑफ़सेट, दिल्ली-110 095 में मुद्रित

वाणी प्रकाशन का लोगो मक़बूल फ़िदा हुसैन की कूची से

भूमिका

कथानक

इतिहास का आधार

'कामना' और 'एक घूँट' को छोड़कर ' प्रसाद' के सभी नाटक इतिहास को आधार मानकर चले हैं। अपनी कृतियों के उद्‌देश्य का कथन लेखक ने स्वयं किया है–'इतिहास का अनुशीलन किसी भी जाति को अपना आदर्श संगठित करने के लिए अत्यंत लाभदायक होता है, XX क्योंकि हमारी गिरी दशा को उठाने के लिए हमारे जलवायु के अनुकूल जो हमारी अतीत सभ्यता है, उससे बढ़कर उपयुक्त और कोई भी आदर्श हमारे अनुकूल होगा कि नहीं, इसमें हमें पूर्ण संदेह है। XX मेरी इच्छा भारतीय इतिहास के अप्रकाशित अंक में से उन प्रकांड घटनाओं का दिग्दर्शन कराने की है जिन्होंने कि हमारी वर्तमान स्थिति को बनाने का बहुत कुछ प्रयत्न किया। इसके लिए उसने महाभारत युद्ध के बाद से लेकर हर्षवर्धन के राज्यकाल तक के भारतीय इतिहास को अपना लक्ष्य बनाया है। क्योंकि यही भारतीय संस्कृति की उन्नति और प्रसार का स्वर्णयुग कहा जाता है। जनमेजय परीक्षित से आरंभ होकर यह स्वर्णयुग हर्षवर्धन तक आया है। बीच में बौद्ध काल, मौर्य और गुप्त काल ऐसे हैं जिनमें आर्य-संस्कृति अपने उच्चतम उत्कर्ष पर पहुँची है। अतएव तत्कालीन उत्कर्षापकर्ष के यथार्थ चित्रण के अभिप्राय से लेखक ने

कुछ विशिष्ट प्रतिनिधियों को चुनकर उनके कुलशील और जीवन-वृत्त के द्वारा उस रसोद्‌बोधन की चेष्टा की है जो वर्तमान को जीवित रखने में सहायता कर सके। जनमेजय, अजातशत्रु, चंद्रगुप्त, स्कंदगुप्त, हर्षवर्धन इत्यादि उस

काल के सर्वोत्तम प्रतिनिधि हैं। इसलिए लेखक ने इन्हीं व्यक्तियों को अपने रूपकों का नायक बनाया है।

असुनिश्चित और असुलिखित भारतीय इतिहास में यत्र-तत्र बिखरी सामग्रियों को एक सूत्र में पिरोने की तर्क संगत चेष्टा 'प्रसाद' की उन विशेषताओं में है, जो वर्तमान हिंदी के अतिरिक्त अन्य साहित्यों में भी कम दिखाई देती है। इतिहास का गंभीर अध्ययन, प्रसंग-परिकलन की बुद्धि और उपलब्ध इतिवृत्तों की संगत एकात्मकता स्थापित करने की अद्‌भुत क्षमता 'प्रसाद' में दिखाई पड़ती है। 'अजातशत्रु', 'चंद्रगुप्त' और 'स्कंदगुप्त' नाटकों में इसके विशेष निदर्शन प्राप्त हैं। इनमें ऐतिहासिक वृत्तों का बड़ा व्यापक विस्तार है, अतएव प्रसिद्ध घटनाओं के साथ-साथ अनेक इतिहास-प्रसिद्ध पात्रों का योग-निर्वाह करना पड़ा है। जहाँ तक संभव हुआ है इतिहास की मूल प्रकृति का अनुसरण किया गया है और सुसंबद्धता स्थापित की गई है परंतु जहाँ कल्पना का प्रयोग नितांत आवश्यक हो गया है वहाँ नाटककार की स्वतंत्रता का भी 'प्रसाद' ने उपयुक्त आश्रय लिया है।

कल्पना का योग

कल्पना का प्रयोग दो प्रकार से दिखाई पड़ता है। पहला तो इतिहास की जो बातें विकीर्ण होकर एक-दूसरे से दूर पड़ गई हैं उन्हें एक सूत्र में बाँधने के लिए और दूसरा नाटकीय पूर्णता के निमित्त कोरे अनैतिहासिक पात्रों की सृष्टि के लिए। अजातशत्रु की मागंधी और श्यामावती, शैलेंद्र और विरुद्धक एक कर दिए गए हैं। 'स्कंदगुप्त' में दूरवर्ती भटार्क का योग अनंतदेवी के साथ स्थापित करके विरोध-मंडली बलिष्ठ बना दी गई है। स्कंदगुप्त के मालव में राजधानी स्थापित करने की बात इतिहास में सिद्ध न होने पर भी जो स्वीकृत की गई है वह वस्तु स्थिति को देखने से तर्क-विहीन नहीं प्रतीत होती। इसी प्रकार भीमवर्मा के संबंध की स्थापना भी है। भीमवर्मा बंधुवर्मा का भाई था या नहीं, इस विषय में कोई प्रमाण नहीं है, फिर भी वह स्कंदगुप्त के एक प्रांत का शासक अवश्य था। इसी को आधार मानकर 'प्रसाद' ने दोनों को मिला दिया है और जो बहुत असंगत नहीं मालूम पड़ता। खिंगिल इतिहास का हूण-नेता अवश्य है, परंतु वही खिंगिल स्कंदगुप्त से पराजित भी हुआ था, ऐसा इतिहास ने स्वीकार नहीं किया

है। शर्वनाग, चक्रपालित और मातृगुप्त की नाटकीय स्थिति का अनुमोदन भी कल्पना पर ही आश्रित है। इसी प्रकार की कल्पना-जन्य संबंध-योजना 'चंद्रगुप्त' में भी दिखाई पड़ती है। तक्षशिला-गुरुकुल में चाणक्य और चंद्रगुप्त के संबंध-स्थापन में कल्पना का योग है-यों तो दोनों व्यक्तियों का संबंध इतिहासानुमोदित है। चंद्रगुप्त ने मालवों और क्षुद्रकों का सेनापति बनकर सिकंदर का विरोध किया था-ऐसा कोई उल्लेख इतिहास में नहीं मिलता, परंतु सिकंदर का मालव- दुर्ग में चोट खा जाना इतिहास-प्रसिद्ध है। दांड्यायन जैसे महात्मा की स्थिति और सिकंदर का उनके यहाँ जाना इतिहास ने स्वीकार किया है; परंतु वहीं चंद्रगुप्त के विषय में भविष्यवाणी करा देना एक सुंदर कल्पना है। इस प्रकार के अनेकानेक उदाहरण और भी हैं। इसी प्रकार की ऐतिहासिक कल्पना नाटकीय चमत्कार उत्पन्न करने के लिए एकत्र की गई है जो सर्वथा अभीष्ट है। कल्पना का दूसरा प्रयोग इसलिए हुआ है कि नाटकीय प्रसंग मिलाए जाएँ अथवा पात्रों के कुलशील का सुसंबद्ध चित्र उपस्थित किया जाय, ऐसा करने में स्त्री-पात्रों की सृष्टि प्राय: करनी पड़ी है। उनके नामकरण और चरित्र भी कल्पित किए गए हैं–जैसे सुरमा, मालविका, विजया, देवसेना, जयमाला, मंदाकिनी, अलका, दामिनी इत्यादि। जिसका जैसा नाम रखा गया है प्राय: चरित्र भी उसी के अनुसार खड़ा किया गया है। कभी-कभी कुछ नामों के लिए आधार भी मिल गया है-जैसे, देवसेना, वासवी आदि के लिए । इन स्त्री-पात्रों की शुद्ध कल्पना द्वारा सृष्टि हुई है, इसीलिए इनमें लेखक की भावुकता अधिक लक्षित होती है। कल्पना के आधार पर कहीं-कहीं परिस्थितियों की भी रचना कर ली गई है, जिनका उपयोग या तो छूटे हुए अंशों की कड़ी मिलाने के लिए हुआ है या चरित्र की कोई मार्मिकता उद्‌घाटित करने के निमित्त । चंद्रगुप्त नाटक में चाणक्य का कारावास और उससे मुक्ति, कार्नेलिया के प्रेम के कारण चंद्रगुप्त और फिलिप्स का द्वंद्व, अथवा शर्वनाग के विषयपति बनने के पूर्व का सारा प्रसंग इसी प्रकार की वस्तु है। ऐसी अन्य स्थितियाँ प्रसंगानुसार सभी नाटकों में मिलेंगी। कल्पित पुरुष-पात्रों की अवतारणा भी उसी अभिप्राय से की गई है जिस अभिप्राय से स्त्री- पात्रों की, परंतु थोड़ा-सा अंतर अवश्य है । स्त्री-पात्रों की कल्पना अधिक है; क्योंकि प्राय: कथाएँ राजनीति और इतिहास-संबंधी हैं -- जहाँ पुरुष पात्रों का यों ही उपयोग अधिक होता है और स्त्रियों की आवश्यकता कम पड़ती है। इसलिए स्त्रियों की

काल्पनिक मूर्तियाँ लेखक को अधिक गढ़नी पड़ी हैं। काल्पनिक स्त्री-पात्रों की भाँति कल्पित पुरुष पात्रों के नामकरण और चरित्र में भी साम्य रखा गया है-जैसे, शिखरस्वामी, विकटघोष, महापिंगल इत्यादि, 'अजातशत्रु', 'स्कंदगुप्त' और 'चंद्रगुप्त' नाटकों के प्राय: सभी पुरुष-पात्र ऐतिहासिक हैं, अतएव वहाँ कल्पना को अवकाश नहीं मिल पाया।

परिस्थिति-योजना

संविधान-सौष्ठव के लिए परिस्थिति-योजना का यथार्थ एवं प्रकृत रूप आवश्यक होता है। सत्य बात तो यह है कि इसी आधार पर कार्य की अवस्थाओं और अर्थप्रकृतियों का संबंध-निर्वाह होने से सौंदर्य उत्पन्न होता है। किसी मुख्य अथवा प्रासंगिक घटना तक पहुँचने में इनका योग आवश्यक है। प्रत्येक प्रधान या प्रासंगिक घटना का भी स्वत: पृथक् आरंभ होता है, जो क्रम से वृद्धि पाता हुआ परिणाम तक पहुँचता है। परिस्थिति एवं घटना में कार्य-कारण संबंध रहना चाहिए अन्यथा परिणाम अथवा घटना को लेकर सामाजिक के मन में जिज्ञासा उत्पन्न होती है कि ऐसा कैसे हो गया। साथ ही असंबद्ध घटना अथवा घटनांश का कोई प्रभाव भी नहीं रह जाता। उदाहरण के लिए स्कंदगुप्त के द्वारा कापालिक के हाथ देवसेना की रक्षा का घटनांश लिया जा सकता है। देवसेना और विजया आरंभ में तो सखी रहती हैं, फिर विजया देवसेना की हत्या का कारण बन जाती है, क्यों और किस क्रम से ? इस विरोध का बीज वहाँ पड़ता है जहाँ दोनों सखियों के बीच में आकर बंधुवर्मा सूचना देता है-' हाँ, उनकी (स्कंदगुप्त की) विदाई करनी होगी। संभवत: सिंहासन पर बैठने का-राज्याभिषेक का प्रकरण होगा।' विजया के मन में यहीं से संदेह उत्पन्न होता है। संदेह आवेश में और आवेश विद्वेष तथा विरोध में परिणत होकर उस घटना तक चला जाता है। यह नाटक की कोई मुख्य घटना नहीं है, फिर भी यदि परिस्थितियों का वृद्धि-क्रम बुद्धगम्य न बना होता तो कार्य को देखकर कारण के विषय में जिज्ञासा का भाव बना ही रह जाता। आधिकारिक कथा के नियंत्रण के लिए तो अनेक प्रतिबंध हैं ही, परंतु छोटी-मोटी घटनाओं के लिए भी उसी सिद्धांत का अनुसरण होता है। इन परिस्थितियों की सुसंगत योजना में 'प्रसाद' ने अच्छी प्रतिभा दिखाई है; यही कारण है कि बड़े नाटकों में भी वस्तु-विन्यास सुसंगठित हो सका है। सभी

रचनाओं में परिस्थितियों की उद्भावना और योजना सुसंगत है। चंद्रगुप्त और फिलिप्स का द्वंद्व इसके उदाहरण के रूप में लिया जा सकता है। फिलिप्स के मारे जाने का बीजभूत कारण वहाँ से अंकुरित होता है, जहाँ चंद्रगुप्त ने कार्नेलिया को अपमानित होने से बचाया है। कई अवसरों पर जब-जब चंद्रगुप्त और फिलिप्स का सामना होता है। तब-तब वह विरोध उग्रतर होता जाता है और अंत में एक मृत्यु की घटना घटित ही हो जाती है। यों तो आधिकारिक कथा ऐसी-ऐसी विभिन्न घटनाओं को अपने साथ लगाती हुई चलकर एक सामूहिक प्रभाव उत्पन्न करती है, परंतु यदि किसी एक घटना का अपना अस्तित्व अलग से देखा जाय तो उसके लिए भी परिस्थितियों के वृद्धिक्रम की योजना आवश्यक प्रतीत होगी।

विस्तार-भार

'प्रसाद' के कथानकों में प्राय: अनावश्यक विस्तार भी मिलता है जो वस्तु-संविधान में शैथिल्य उत्पन्न करता है। यह विस्तार तीन प्रकार का दिखाई पड़ता है। प्रथम सोद्देश्य होता है, जिसे हम लेखक की अभिरुचि और सिद्धांत मान सकते हैं। जहाँ विरोध अथवा संघर्ष व्यापक हो जाता है वहाँ कुछ दूर चलकर सक्रियता के समाप्त होने पर भी यह दिखाने की आवश्यकता हो सकती है कि किन कारणों से और किन-किन परिस्थितियों में उस विरोध-भाव का दमन होता है। सक्रियता के अभाव में ऐसा स्थल नीरस और अवसाद जनक हो जाता है। इसके उदाहरण 'राज्यश्री' और 'अजातशत्रु' के अंतिम अंक के अधिकांश हैं। प्रधान कथा की धारा के साथ चलने से फिर भी यह विस्तार उतना अधिक अरोचक नहीं लगता जितना निरर्थक उत्पन्न किया हुआ विच्छिन्न विस्तार-भार। ऐसा विस्तार उन स्थलों पर दिखाई पड़ता है जहाँ कथा की प्रकृति धारा रोककर लेखक अन्य प्रसंग उठा देता है और फिर है।

उसी को लेकर वाद-विवाद का रूप जमाने लगता है। ऐसे स्थल लेखक के श्रेष्ठ नाटकों में भी मिलते हैं, जो अरुंतुद ज्ञात होते हैं। 'अजातशत्रु' में शक्तिमती और दीर्घकारायण का विवाद इसी प्रकार का है। 'स्कंदगुप्त' में भी विहार के समीप चतुष्पद पर ब्राह्मण और श्रमण का वाक्-संघर्ष अप्रासंगिक एवं अतिमात्र मालूम पड़ता इस दृश्य के ठीक पहलेवाला दृश्य भी इसी प्रकार निरर्थक है। 'चंद्रगुप्त' में वह दृश्य भी इसी कोटि का है जिसमें कारावास

में पड़ा हुआ चाणक्य राक्षस और वररुचि से विवाद करने लगता है अथवा जहाँ शकटार अपनी राम-कहानी एक साँस में कह डालने की चेष्टा करता है। कुछ-न-कुछ इस प्रकार की बातें सभी नाटकों में मिलती हैं। इससे मालूम पड़ता है कि लेखक की यह प्रवृत्ति-सी हो गई है।

इस प्रकार का दूसरा विस्तार है स्वगत भाषण। समय और प्रसंगानुसार यदि अल्पविस्तारी स्वगत भाषण हों तो सहन किए जा सकते हैं, परंतु द्विजेंद्रलाल राय के कथोपकथनों की भाँति यदि अनियंत्रित और अति विस्तृत हों तो अपनी अप्रकृत अतिमात्रा के कारण सुनते-सुनते उद्वेग उत्पन्न करते हैं। बिंबसार, स्कंदगुप्त और चाणक्य के स्वगत भाषण इसके उदाहरण हैं। उनकी आवृत्ति तो और भी खटकती है। तीसरा विस्तार ऐसा भी मिलता है कि साधारण सूच्य बातों के लिए भी पूरे दृश्य के दृश्य खड़े कर दिए गए हैं। यदि निःसंकोच विचार किया जाय तो सभी नाटकों में दो-तीन दृश्य ऐसे मिलेंगे जिन्हें निकाल देने पर न कथा का संबंध बिगड़ेगा और न अन्य प्रकार की ही कोई त्रुटि होगी। उदाहरण के लिए 'स्कंदगुप्त' के दो दृश्यों का उल्लेख हो ही चुका है। इनके अतिरिक्त चतुर्थ अंक का अंतिम दृश्य भी वैसा ही है। 'चंद्रगुप्त' के भी एक ऐसे दृश्य का कथन हो चुका है। उसके अतिरिक्त मालव- क्षुद्रकों का परिषदवाला दृश्य भी शुद्ध सूच्य हो सकता था। अनेक ऐसी बातों के लिए स्वतंत्र दृश्यों की रचना हुई है, जिनकी केवल सूचना ही-किसी प्रकार से क्यों न हो-यथेष्ट थी।

अंक और दृश्य

'प्रसाद' का अंकों और दृश्यों के विभाजन का सिद्धांत एक-सा नहीं दिखाई देता। 'अजातशत्रु' में जैसा अंकों के भीतर दृश्य और तत्सूचक संख्याओं का निवेश किया गया है वैसा 'स्कंदगुप्त' में नहीं। वहाँ नवीन पद्धति से दृश्यों की संख्याओं का विनियोग है। आगे चलकर 'चंद्रगुप्त' में दृश्य शब्द का प्रयोग नहीं है, केवल संख्याओं का उपयोग हुआ है। वस्तुतः बात यह है कि लेखक अंत तक निर्णय नहीं कर पाया है कि 'दृश्य' शब्द का प्रयोग कहाँ तक परंपरानुमोदित एवं समीचीन है; इसीलिए यह परिवर्तन होता गया है। यदि उसने केवल प्राचीन परिपाटी का ही अनुसरण किया होता तो इस बाधा से बच सकता था। जहाँ उसने

उद्घातकों अथवा गर्भांक जैसे सूच्य दृश्यों का, बिना उल्लेख किए प्रयोग किया है वहाँ थोड़ा-सा श्रम स्वीकार करके उसका उल्लेख भी कर सकता था, परंतु ऐसा किया नहीं गया। परिणाम उसका यह हुआ है कि सभी नाटकों में यत्र-तत्र कई ऐसे दृश्य आए हैं जिनकी अभिनय में और पढ़ने में भी कोई आवश्यकता नहीं प्रतीत होती। इसके विपरीत वे निरर्थक एवं भार से लगते हैं। उदाहरण के लिए प्रमुख नाटकों को लेना ही उचित होगा। 'चंद्रगुप्त' के प्रथम अंक का तृतीय और सातवाँ, द्वितीय का पाँचवाँ, सातवाँ और दसवाँ आदि तथा 'स्कंदगुप्त' के प्रथम अंक में पथचारी मातृगुप्त, मुद्गल और कुमारदास (धातुसेन) का प्रसंग, चतुर्थ अंक में धातुसेन और प्रख्यातकीर्ति तथा चतुष्पथ में ब्राह्मण-श्रमण के वाक्-युद्धवाला दृश्य अथवा ऐसे ही और भी अन्य दृश्यों की या तो आवश्यकता ही नहीं थी अथवा इनकी सूचना भर यथेष्ट थी।

अंकों के विभाजन में भी इस अव्यवस्था का कुछ रूप मिलता है। जहाँ कार्य की अव्यवस्थाओं, अर्थप्रकृतियों और संधियों का विचार रखा गया है वहाँ तो कितनी घटनाएँ और प्रसंग एक अंक में आने चाहिए, इसका विचार किया गया है-जैसे, 'चंद्रगुप्त' 'स्कंदगुप्त' और 'ध्रुवस्वामिनी' में; अन्यथा स्पष्ट विभाजन में भी गड़बड़ी है-जैसे, 'अजातशत्रु' और 'जनमेजय का नागयज्ञ' में। यदि यह विभाजनक्रिया किसी निश्चित सिद्धांत पर रही होती तो 'चंद्रगुप्त' पाँच अंक का और 'राज्यश्री' तीन अंक का नाटक होता। अभिनय के व्यावहारिक विचार से अंकों के क्रमानुसार दृश्यों की संख्या में निरंतर कमी होनी चाहिए, परंतु कुछ नाटकों में तो इसका अनुसरण हुआ है और कुछ में नहीं। निर्णय के लिए कुछ नाटकों के क्रम इस प्रकार हैं- 'राज्यश्री' में सात-सात-पाँच-चार, 'विशाख' में पाँच-पाँच-पाँच, 'जनमेजय का नागयज्ञ' में सात-आठ-आठ, 'अजातशत्रु' में नौ-दस- नौ, 'स्कंदगुप्त' में सात छः-छः-सात-छः और 'चंद्रगुप्त' में ग्यारह-ग्यारह-नौ-सोलह, नवीन संस्करण में चौदह। अंतिम चार नाटकों का क्रम विचारणीय है। इसके अतिरिक्त सभी नाटकों में कुछ दृश्य अत्यंत लघु और कुछ अत्यंत विशाल हैं। व्यावहारिकता के विचार से ऐसा भी नहीं होना चाहिए।

वस्तु-विन्यास

भारतीय नाट्यशास्त्र में वस्तु तत्त्व का बड़ा व्यापक नियमन किया गया है। कार्य की अवस्थाओं, अर्थप्रकृतियों तथा संधियों के द्वारा इस तत्त्व के नियंत्रण की व्यवस्था हुई है।

'प्रसाद' का वस्तु-संविधान सभी नाटकों में अच्छा हुआ है। जिसमें उक्त नियमों का विचार अधिक रखा गया है, वे अवश्य ही अन्य ही रचनाओं की अपेक्षा अधिक सुंदर हैं- जैसे, 'चंद्रगुप्त', 'स्कंदगुप्त' और 'ध्रुवस्वामिनी'। इस विचार से 'जनमेजय का नागयज्ञ' और 'अजातशत्रु' उतने अच्छे नहीं उतरे। जिन नाटकों का वस्तु-विन्यास पद्धति के अनुसार हुआ है उनमें संधियाँ ही नहीं, संध्यंगों तक की स्थापना उचित स्थान पर दिखाई पड़ती है-जैसे, 'चंद्रगुप्त' के द्वितीय अंक में प्रतिमुख संधि के अंतर्गत आनेवाले कुछ संध्यंगों का रूप देखा जा सकता है। युद्ध क्षेत्र में संधि के पूर्व सिकंदर और पर्वतेश्वर के कथोपकथन में 'उपन्यास', पाँचवें दृश्य में चंद्रगुप्त और मालविका के संवाद में 'पुष्प', चतुर्थ दृश्य के आरंभ में 'निरोध' (हितरोध), तृतीय दृश्य में कल्याणी जहाँ अपने सैनिकों से बातचीत करती है वहाँ शम और जहाँ वह पर्वतेश्वर से बातें करती है वहा 'प्रगमन', उसी दृश्य के आरंभ में जहाँ चंद्रगुप्त कुछ किंकर्त्तव्यविमूढ़-सा दिखाई पड़ता है वहाँ 'विधूत' (अरति) के रूप देखे जा सकते हैं। कहने का तात्पर्य यह है कि जिन नाटकों में वस्तु-विन्यास शास्त्रीय पद्धति पर हुआ है उनमें तत्संबंधी सभी विशेषताएँ यथास्थान मिल जाती हैं। यही कारण है कि 'प्रसाद' के कथानक में चमत्कारयुक्त आरोहावरोह प्राप्त होता है। संविधानक संबंधी यह सौष्ठव समष्टि-प्रभाव की स्थापना में सर्वदा सहायक बना रहता है।

पात्र

नायक और प्रतिनायक

नाटक के प्रधान पात्र-नायक-में जिन गुणों तथा विशेषताओं का होना आवश्यक है, वे 'प्रसाद' के नायकों में सर्वत्र हैं क्योंकि 'विशाख' को छोड़कर अन्य सभी नाटकों में नायक भारत का सम्राट् ही है। ख्यातवृत्त का प्रधान पुरुष अवश्य ही कुलशील में श्रेष्ठ होगा-ऐसा निश्चित है। स्कंदगुप्त,

चंद्रगुप्त मौर्य, गुप्तवंशीय चंद्रगुप्त, जनमेजय इत्यादि सभी विनीत, मधुर, त्यागी, दक्ष, प्रियंवद, शुचि, लोकानुरंजक, वाग्मी अभिजात, स्थिर, युवा, बुद्धिमान, प्रज्ञावान्, स्मृतिवान, उत्साही, कलावान, शास्त्रचक्षु, आत्मसम्मानी, शूर, दृढ़ तेजस्वी और धार्मिक हैं; साथ ही नाटकीय कथा की श्रृंखला को आदि से अंत तक जोड़ते जाते हैं। ये सभी नायक महासत्व, क्षमावान, अतिगंभीर, दृढव्रत और आत्मप्रशंसा-शून्य हैं। इनमें गर्व भी दिखाई पड़ता है पर विनयाच्छादित। ऐसी अवस्था में वे सभी धीरोदात्त नायक माने जाएँगे। उक्त गुणों में से अधिकांश अजातशत्रु में भी हैं। परंतु प्रश्न उठता है राज्यश्री और ध्रुवस्वामिनी के विषय में जहाँ नायक ने नहीं नायिका ने प्रमुख स्थान ग्रहण किया है, उन नायिकाओं में भी प्राय: वे सब गुण विद्यमान हैं जिनके कारण नायक का महत्त्व होता है, इसलिए वे रूपक नायक-प्रधान न होकर नायिका-प्रधान कहे जायेंगे। विपक्ष दल के नेता प्राय: धीरोद्धत नायक हैं। ये मायावी, छली, प्रचंड, चपल, असहनशील, अहंकारी, शूर और स्वयं अपनी प्रशंसा करनेवाले हैं। इन गुणों में से अधिकांश भटार्क, राक्षस, आंभीक, रामगुप्त, काश्यप और तक्षक इत्यादि में वर्तमान हैं। 'प्रसाद' के ये विरोधी नेता भी सर्वत्र चारित्र्ययुक्त दिखाई पड़ते हैं।

पताका नायक

प्रधान नायक के ही समान गुण-धर्मवाला व्यक्ति नाटक के प्रासंगिक कथा-भाग का नायक हो सकता है। उसका अपना कोई भिन्न उद्देश्य नहीं होता। आधिकारिक नायक के ही कार्य-व्यापार में योग देता हुआ उसी की लक्ष्य-प्राप्ति में सहायता देता चलता है। 'प्रसाद' के नाटकों में पताका नायक का बड़ा भव्य स्वरूप अंकित हुआ है। 'चंद्रगुप्त' नाटक में महाराज पर्वतेश्वर अथवा मालव राजकुमार सिंहरण कुलशील में श्रेष्ठ और उदात्त चरित्र के पात्र हैं। चंद्रगुप्त के समान ही उसके जीवन का ध्येय भी भारत के सम्मान की रक्षा है और अंत तक उसी फल की प्राप्ति में योग देते जाते हैं। अधिकारी नायक के समान गुण-धर्म के कारण यह योग बड़ा अच्छा दिखाई पड़ता है। इसी तरह 'स्कंदगुप्त' नाटक में उज्जयिनी-नरेश बंधुवर्मा है। वह स्कंदगुप्त की अभीष्ट-सिद्धि में अपने जीवन भर लगा रहता है और कुलीन, त्यागशील, वीर, धीर और उदात्त वृत्ति का व्यक्ति

है। अतएव यह योग भी बड़ा अनुकूल मालूम पड़ता है।

स्त्री-पांत्र

स्त्री-पात्रों का व्यक्तित्व और चरित्र सभी रूपकों में बड़ी तत्परता और कौशल से अंकित किया गया है। इसमें नाटककार की विशेष सिद्धि दिखाई पड़ती है। इसका एक कारण स्पष्ट है। इनकी सृष्टि के मूल में एक निश्चित सिद्धांत उपयोग में लाया गया है। 'प्रसाद' के स्त्री-पात्रों में हृदय की प्रधानता और पुरुष-पात्रों में बुद्धि का वैशिष्ट्य दिखाया गया है। अतएव हृदय की संपूर्ण विभूतियों का प्रसार स्त्रियों में अंकित है। हृदय का विशेष धर्म है भाव प्रवणता। इसके साथ त्याग, सेवा, उदारता और विश्वास का अखंड योग होना भी आवश्यक है तथा भावुकता से भरी हुई कोमल विचार धारा भी होनी चाहिए, जिसके आधार पर आत्मसम्मान जैसी कुछ कठोर वस्तुएँ भी टिक सकें। यही कारण है कि 'प्रसाद' के सभी श्रेष्ठ स्त्री-पात्रों में भावुकता, त्याग और सेवा के साथ-साथ मर्यादापूर्ण आत्मसम्मान का भाव सदैव जागृत दिखाई पड़ता है। इसका भव्य रूप कल्याणी और देवसेना में स्पष्ट है। जहाँ प्रेम के साथ आत्मोत्सर्ग का भाव प्रबल है, वहीं हृदय में अपमान का हलका-सा आघात सहने की रंचमात्र भी शक्ति नहीं है। जो हृदय त्याग में वज्र के सदृश कठोर है वही कुसुम-कोमल भी है। कहीं-कहीं इस कठोर उत्सर्ग के साथ निर्लिप्त और आत्म-निवेदन भी हो जाता है, जैसा कल्याणी और देवसेना में हुआ है। कहीं ऐसा भी हो सकता है कि बिना किसी प्रेम की अभिव्यक्ति किए गौरवपूर्ण ढंग से प्रिय के लिए अपने जीवन की बलि चढ़ा दी जाए, जैसा मालविका ने किया है। प्रेम का ऐसा आदर्श रूप भी इसी विश्व में प्राप्त होता है।

स्त्री-जीवन के वैशिष्ट्यपूर्ण महत्त्व का विवेचन अनेक स्थलों पर हुआ है। इसका हलका-सा प्रयास, 'एक घूँट' में दिखाई पड़ता है, जहाँ आनंद ने स्वीकार किया है- 'आज मेरे मस्तिष्क के साथ हृदय का जैसे मेल हो गया है, इस हृदय के मेल कराने का श्रेय वनलता को है।' इससे वही बात पुष्ट होती है कि 'प्रसाद' ने स्त्री को हृदय का प्रतिनिधि माना है। दूसरा स्थल अजातशत्रु नाटक के तीसरे अंक का चौथा दृश्य है। वहाँ दीर्घकारायण के

मुख से 'प्रसाद' ने स्त्री- महत्त्व का खुलकर प्रतिपादन किया है-' स्त्रियों

के संगठन में उनके शारीरिक और प्राकृतिक विकास में ही एक परिवर्तन है जो स्पष्ट बतलाता है कि वे शासन कर सकती हैं, किंतु अपने हृदय पर। वे अधिकार जमा सकती हैं उन मनुष्यों पर जिन्होंने समस्त विश्व पर अधिकार किया हो'। XX 'मनुष्य कठोर परिश्रम करके जीवन संग्राम में प्रकृति पर यथाशक्ति अधिकार करके भी एक शासन चाहता है, जो उसके जीवन का परम ध्येय है, उसका शीतल विश्राम है, और स्नेह सेवा करुणा की मूर्ति तथा सांत्वना का अभय वरदहस्त का आश्रय, मानव समाज की सारी वृत्तियों की कुंजी, विश्व-शासन की एकमात्र अधिकारिणी प्रकृतिस्वरूपा स्त्रियों के सदाचारपूर्ण स्नेह का शासन है।' XX ' कठोरता का उदाहरण पुरुष, और कोमलता का विश्लेषण है स्त्री-जाति। पुरुष क्रूरता है तो स्त्री करुणा है, जो अंतर्जगत का उच्चतम विकास है जिसके बल पर समस्त सदाचार ठहरे हुए हैं, इसलिए प्रकृति ने उसे इतना सुंदर और मनमोहक आवरण दिया है-रमणी का रूप।' प्रसंग निकालकर इसी प्रकार स्कंदगुप्त नाटक में भी मातृगुप्त और धातुसेन के संवाद द्वारा स्त्री-पुरुष के मौलिक एवं दार्शनिक वैषम्य की व्यावहारिक मीमांसा की गई है। इस अंतर के स्पष्टीकरण की ओर 'प्रसाद' का विशेष आकर्षण दिखाई पड़ता है। अतएव उनकी कृतियों की आलोचना करते समय उस सिद्धांत का विचार आवश्यक है जिसका स्थापन उन्होंने किया है।

स्त्री- महत्त्व के विषय में लेखक के उक्त विचार के अनुसार ही नाटकों में स्त्री- पात्रों का सृजन हुआ है। जहाँ स्त्री अपनी यथार्थ प्रकृति को छोड़कर उच्छृंखलता के कारण नाना प्रकार की दुरभिसंधियों में पड़ती है; अथवा ऊँचे स्तर पर से उतरने की चेष्टा करती है वहाँ उसमें सुधार की आवश्यकता है-जैसे शक्तिमती, छलना, सुरमा, अनंतदेवी और विजया इत्यादि हैं। इन्होंने अनेक प्रकार के कुचक्र रचे, परंतु उपद्रवों की शांति के साथ उनकी उद्दंड वृत्तियों का भी सुधार हो गया है। इनके विरुद्ध ऐसी स्त्रियाँ भी रूपकों में दिखाई पड़ी हैं जो साधारण होते हुए भी पातिव्रत के श्रेष्ठ गुण से युक्त होने के कारण उज्ज्वल हो उठी हैं। उनकी एकनिष्ठता दिव्य रूप की है। उन्हें आदर्श रूप तो नहीं दिया गया परंतु वे अपने प्रकृत स्वरूप में मनोहर बन गई हैं- जैसे, वपुष्टमा, जयमाला और चंद्रलेखा। इनके अतिरिक्त बाजिरा और

मणिमाला जैसी दुलहिनें भी अपनी मर्यादा के कारण यथार्थ रूप धारण किए हैं। इस प्रकार 'प्रसाद' की रंगीन सृष्टि में स्त्रियों का विविध रूप देखने को मिल जाता है।

आदर्श और यथार्थ

आदर्श पात्रों के रूप में चरित्रांकन की परिपाटी से हम परिचित हैं। आदिकाल से हम राम-रावण के रूप देखते चले आ रहे हैं। एक में गुणों का समुच्चय और दूसरे में अवगुणों का ढेर लगाकर एक को अच्छा दिखा देना और दूसरे को बुरा ही बुरा कहना यह पद्धति अति प्राचीन है। चित्रण का यह ढंग सरल भी होता है और सोद्देश्य रचनाओं में यह रूप सरलता से खप भी जाता है, पर इधर पाश्चात्त्य प्रभाव से प्रेरित मनोवृत्ति इसके विरुद्ध हो रही है, क्योंकि उसमें व्यक्तित्व दर्शन की अभिलाषा बढ़ रही है। लोग यथार्थ चित्रण को अधिक महत्त्व देने लगे हैं और साधारणतः मानव-रूप में देवत्व और असुरत्व का सम्मिश्रण मानने लगे हैं। अतएव गुणावगुण का योग परम आवश्यक समझा जाने लगा है। यह यथार्थ-प्रियता व्यक्ति वैचित्र्यवाद की जननी बनकर पूज्य बनती जा रही है।

मूलतः 'प्रसाद' भारतीय पद्धति के ही प्रतिपादक हैं। बाह्य आवरण में भले ही उन्होंने थोड़ी-सी नवीनता अपना ली हो पर उनका अंतर भारतीय रंग में ही रंगा है। यही कारण है कि आदर्श पद्धति का उन्होंने अनुसरण किया है। बलपूर्वक केवल भारतीय सिद्धांत के प्रतिपालन-निमित्त ही उन्होंने ऐसा नहीं किया किंतु सारा ढाँचा ही उसी प्रकार का रखा है। 'नाटक ख्यातवृत्तं स्यात् पंचसंधि-समन्वितम्' का जब उन्होंने पूरा निर्वाह किया तो फिर अवश्य ही ख्यातवृत्त के अधिकारी नायक और उनके पताका नायक भी उसी आधार पर उदात्तवृत्ति के हैं। ऐसी अवस्था में उनका आदर्श रूप हो जाना प्रकृत ही है। सभी नाटकों में अधिकारी नायक और उनके सहायक समान रूप से सच्चरित्र, दिव्य और हमारी प्रशंसा के पात्र हैं। स्कंदगुप्त, चंद्रगुप्त मौर्य, बंधुवर्मा, पर्णदत्त, गुप्त सम्राट् चंद्रगुप्त, सिंहरण इत्यादि सभी आदर्श पात्र हैं। विरोध-पक्ष में भी आदर्श रूप ही चलता तो बात खटकने की संभावना थी। अतएव वहाँ यथार्थ चित्रण की चेष्टा की गई है। इस यथार्थ में भी आदर्श का पुट अवश्य है, क्योंकि उस पक्ष के प्रधान गुण भी अंकित किए गए हैं। भटार्क,

राक्षस इत्यादि में दोष-पक्ष प्रबल अवश्य है, परंतु उनमें गुण की भी उपस्थिति स्वीकार की गई है। भटार्क अथवा राक्षस धीर, वीर स्थिरबुद्धि और चुतर भी हैं। इसलिए उन्हें कुछ दूर तक सफलता भी मिली है। यथार्थ का आधिक्य शर्वनाग, जयमाला, पर्वतेश्वर और आंभीक में है; साथ ही उनमें व्यक्तिवैचित्र्य भी लक्षित होता है। वे अपने प्रस्तुत रूप में अधिक प्रकृत ज्ञात होते हैं।

इन्हीं आदर्श श्रेणी में आनेवाले पात्रों के चरित्रांकन को वर्गगत भी कहा जा सकता है। एक प्रकार के गुण-धर्मवालों का एक वर्ग विशेष स्थापित हो जाता उसी प्रकार यथार्थ पक्ष की दृष्टि से चित्रित व्यक्तित्व-प्रधान पात्रों की वैयक्तिक चारित्र्यवान पात्र कहा जा सकता है, क्योंकि उनमें स्वभाव एवं प्रकृति का वैशिष्ट्य दिखाया जाता है। 'प्रसाद' ने वर्गगत चरित्रांकन अधिक और वैयक्तिक कम किया है। इसमें उनकी अभिरुचि भी थी और विषय का आग्रह भी था। फिर भी एकांगिता से वे सर्वत्र बचते गए हैं

पात्रों की प्रकृति

मनुष्य की प्रकृति सहज होती है। उसी के अनुसार विकास होने से उसके वर्धमान रूप के मूल में उस प्रकृति का प्रभाव दिखाई पड़ता है। यही कारण है कि कोई व्यक्ति सरल और कोई गंभीर होता है। सरल व्यक्ति के जीवन की धारा एक क्रम से निर्दिष्ट मार्ग की ओर अग्रसर होती चलती है और उसका बाह्यांतर एक-सा दिखाई पड़ता है। उसकी स्थिर प्रकृति और प्रवृत्ति के रूप में भी विशेष परिवर्तन नहीं होता। उक्त क्रश रूपवाले व्यक्ति इसी प्रकृति के होते हैं। मार्ग चाहे उनका अच्छा हो अथवा बुरा, उनके समझने में विलंब नहीं होता, क्योंकि वे भीतर-बाहर से एक होते हैं। ऊपर से दिखने में कुछ और मालूम पड़े और सूक्ष्म दृष्टि में कुछ और, ऐसा प्राय: नहीं होता। दूसरे प्रकार के व्यक्ति गूढ़ प्रकृति के होते हैं। इनको समझना सरल नहीं होता। इनके स्थूल बाह्य और सूक्ष्म अंतर में, बड़ा भेद दिखाई पड़ता है; स्वभाव ही इनका गुप्त और गंभीर होता है। इनको बारीकी से देखने पर कुछ अन्य प्रकार की विशेषताएँ मिलती हैं। भले ही इनका संकलित रूप आदर्शात्मक अथवा पतनोन्मुख हो पर इनके कार्य-व्यापारों की सूक्ष्म आलोचना करने पर प्रवृत्ति भिन्न ही दिखाई पड़ेगी। ये हँसते हुए भी रोते रह सकते है और रोते हुए भी हँसते। ऐसे ही लोगों में अंतर्द्वंद्व का प्रसार प्रकृत रूप में दिखाया जा

सकता है। इन व्यक्तियों के भीतर-ही-भीतर निरंतर दो विरोधी भावों का संघर्ष होता रहता है और बाहर ये प्रकृतिस्थ दिखाई पड़ते हैं। सुख-दुःख में समत्व इनके चरित्र की विशेषता होती है। ये धीर, शांत एवं अतीव सहिष्णु बने रहते हैं। 'प्रसाद' की रचनाओं में इस प्रकृति के पात्र भी प्रायः मिलते हैं। 'अजातशत्रु' के बिंबसार, वासवी और मल्लिका इसी प्रकार के पात्र हैं। स्कंदगुप्त और देवसेना में इसी प्रकृति का बाहुल्य है। देवसेना के चरित्र का उद्घाटन बड़ी सुंदरता से हुआ है इसीलिए उसमें इस द्वंद्वात्मक प्रवृत्ति का गांभीर्य दिखाई पड़ता है, दिन-रात की उसकी संगिनी जयमाला उसकी प्रकृति को समझती तो है, पर निश्चय करने में वह भी असमर्थ रहती है। उसकी मुद्रा देखकर कभी-कभी आश्चर्यमय कुतूहल से प्रेरित होकर कहती है–' तू उदास है कि प्रसन्न, कुछ समझ में नहीं आता। जब तू गाती है, तब तेरे भीतर की रागिनी रोती है, और जब हँसती है तब जैसे विषाद की प्रस्तावना होती है।' उसने स्वयं भी अपनी द्वंद्वात्मक स्थिति का प्रकाशन किया है–'नीरव जीवन और एकांत व्याकुलता, कचोटने का सुख सुंदर होता है। जब हृदय में रुदन का स्वर उठता है, तभी संगीत की वीणा मिला लेती हूँ। उसी में सब छिप जाता है।' यह गूढ़ प्रकृति का कितना भव्य रूप है ! स्कंदगुप्त के अंतःकरण में तीव्र अभियान के साथ आद्यंत विराग का द्वंद्व दिखाया गया है। 'चंद्रगुप्त' नाटक में गूढ़ प्रकृति का रूप। चाणक्य में लक्षित है। कात्यायन के इस कथन में वह स्पष्ट हो गया है- 'तुम हँसो मत चाणक्य ! तुम्हारा हँसना तुम्हारे क्रोध से भी भयानक है।' द्वंद्वपूर्ण चारित्र्य की ऐसी भव्य उद्भावना केवल पश्चिम की देन नहीं है। ' वज्रादपि कठोराणि मृदूनि कुसुमादपि ' अथवा ' कालाग्नि सदृशः क्रोधे क्षमया पृथिवी समः ' में चारित्र्य का यही वैषम्य ध्वनित है।

विदूषक

विदूषक पात्रों का सर्जन 'प्रसाद' ने कम किया है, क्योंकि परिहास का अवसर गंभीर और संघर्षपूर्ण स्थिति में मिलता कहाँ है। 'प्रसाद' ने दो रूपों में विदूषकत्व की अवतारणा की है। अधिकतर तो नाटक के पात्रों को परिहासी और विनोदी प्रकृति का बनाकर काम निकाल लिया है-जैसे, महापिंगल, विकटघोष, काश्यप इत्यादि। कहीं-कहीं प्राचीन पद्धति के अनुसार स्वतंत्र रूप में भी विदूषकों की सृष्टि की है, जैसे 'अजातशत्रु' में वसंतक एवं 'स्कंदगुप्त' में मुद्गल। इन

विदूषकों की विशेषता भी प्राचीन पद्धति से ही मिलती-जुलती रखी गई है। राजाओं के अंतरंग मित्र के रूप में रहकर उनकी आलोचना करना, उनकी अभीष्ट सिद्धि में योग देना, समय-समय पर छूटे हुए नाटक के कथांशों को मिलाते चलना, दूतत्व करना और अपने विनोदपूर्ण व्यंग्यों से लोगों को प्रसन्न करते रहना, इनकी मुख्य विशेषताएँ हैं। इन्हीं उद्‌देश्यों की पूर्ति में वसंतक और मुद्‌गल भी संलग्न दिखाई पड़ते हैं। जहाँ क्रिया-व्यापार का वेग अधिक हो गया है अथवा परिस्थिति ने अनुग्रह नहीं किया वहाँ विदूषकत्व की केवल गंध भर पहुँच पाई है और उस गंध का भी गला दबा ही रह गया है-जैसे 'ध्रुवस्वामिनी' और 'चंद्रगुप्त' में।

संवाद

प्रयोजन

अन्य प्रकार की रचनाओं में लेखक का व्यक्तित्व प्रत्यक्ष रहने के कारण संवादों के अतिरिक्त अन्य दूसरे उपाय भी रहते हैं जिनके द्वारा वह पात्रों के कुलशील और वस्तुस्थिति का परिचय दे सकता है और आवश्यकतानुसार सबकी आलोचना भी करता है, परंतु नाटक में एकमात्र संवाद ही उसका साधन रहता है। ऐसी अवस्था में नाटकों के संवाद विशेषतः अभीष्ट साधक होने चाहिए। उनकी रचना इस प्रकार की होनी चाहिए कि वे कथानक को अग्रसर करते रहें और चरित्र चित्रण में पूरा योग देते चलें। 'प्रसाद' के नाट्य- -संवादों में वे दोनों प्रयोजन सर्वत्र सिद्ध होते हैं-'ओह, तो मेरा कोई रक्षक नहीं ! (ठहरकर) नहीं, मैं अपनी रक्षा स्वयं करूँगी। मैं उपहार में देने की शीतलमणि नहीं हूँ। मुझमें रक्त की तरल लालिमा है। मेरा हृदय उष्ण है और उसमें आत्मसम्मान की ज्योति है। उसकी रक्षा मैं ही करूंगी।' ध्रुवस्वामिनी के इन वचनों में वस्तुस्थिति का निवेदन भी है और चारित्र्य का प्रकाशन भी। उसमें क्षत्राणी की तेजस्विता, दृढ़ता, आत्मसम्मान और स्वावलंबन है-यह एक से प्रकट हो जाता है। यदि संवाद सुगुंफित और सारगर्भित हों तो थोड़े में ही बहुत-सा वक्तव्य व्यक्त कर दिया जा सकता है-' राजकर मैं न दूँगा। यह बात जिस जिह्वा से निकली, बात के साथ ही वह भी क्यों न निकाल ली गई ? काशी का दंडनायक कौन मूर्ख है ? तुमने उसी समय

उसे क्यों न बंदी बनाया ?' अजातशत्रु के इन शब्दों में जहाँ उसका कठोर, उग्र, उद्धतरूप प्रकट हो रहा है वहीं काशी के शासन की दुर्बलता और अव्यवस्था भी ध्वनित हो रही है। इसी प्रकार सर्वत्र संवादों को साभिप्राय बनाने की चेष्टा दिखाई पड़ती है। दूसरा प्रयोजन कथानक को अग्रसर बनाना भी सर्वत्र लक्षित होता है। 'चंद्रगुप्त' और 'स्कंदगुप्त' के प्रथम दृश्य ही इस विशेषता का अच्छा उद्घाटन करते हैं। उन्हीं की भाँति अनेकानेक अन्य स्थल भी देखे जा सकते हैं। इस विचार से 'प्रसाद' के कथोपकथन बड़े ही सजीव हुए हैं।

-जगन्नाथ प्रसाद शर्मा

‘प्रसाद’ की नाट्य-कृतियों का काल-क्रम

1. सज्जन-‘इंदु’ कला 2, किरण 8, 9, 10, 11, सन् 1910-11
2. कल्याणी-परिणय-‘ नागरी-प्रचारिणी पत्रिका ‘, भाग 17, संख्या 2, सन् 1912
3. करुणालय-‘इंदु’, कला 4, खंड 1, किरण 2, सन् 1912
4. प्रायश्चित्त-‘इंदु’, कला 5, खंड 1, किरण 1 जनवरी, सन् 1914
5. राज्यश्री-‘इंदु’, कला 6, खंड 1, किरण 1, जनवरी, सन् 1915
6. विशाख-सन् 1921 ; प्रकाशक-हिंदी ग्रंथ भंडार, काशी।
7. अजातशत्रु-सन् 1922; प्रकाशक- हिंदी ग्रंथ भंडार, काशी।
8. कामना-यह रचना सन् 1923-24 में लिखी गई, परंतु पुस्तक-रूप में प्रकाशित होने का समय सन् 1927 दिया है। ‘प्रसाद’ की केवल एक यही रचना ऐसी है जो तीन-चार वर्षों तक अप्रकाशित रही।
9. जनमेजय का नागयज्ञ-सन् 1926; प्रकाशक-साहित्य रत्नमाला कार्यालय, काशी।
10. स्कंदगुप्त-सन् 1928; प्रकाशक- भारती भंडार, काशी।
11. एक घूँट-वस्तुतः यह पुस्तक सन् 1930 में छपी है। पुस्तक में प्रकाशन-काल सन् 1929 दिया है, जो संभवतः इसका लेखनकाल है। प्रकाशक-पुस्तक मंदिर, काशी।
12. चंद्रगुप्त-सन् 1931; प्रकाशक- भारती भंडार, काशी।
13. ध्रुवस्वामिनी-सन् 1933

सज्जन (नाटक)

पात्र-सूची :

नटी

सूत्रधार

युधिष्ठिर

भीम

अर्जुन

नकुल

सहदेव

द्रौपदी

दुर्योधन

दुश्शासन

कर्ण

शकुनि

चित्रसेन (गन्धर्वराज)

सेनापति (गन्धर्व सेना का)

विद्याधर सैनिक

राक्षस

विदूषक

नान्दी-(छप्पय)

अजय किरातहिं देखि चकित ह्वै कै निज मन मैं।
पूजन लाग्यो करन सुमन चुनि सुन्दर घन मैं।।
लखि किरात के गले सोइ कुसुमन की माला।
अर्जुन तब करि जोरि कह्यो अस कौन दयाला।।
गुन गहत जौन शता किये, सो क्षमहु नाथ वितरहु विजय।
इमि प्रमुदित पूजित विजय, सो जयशंकर जय जयति जय।।

(सूत्रधार आता है)

(चारों ओर देख कर): अहा, आज कैसा मगंलमय दिवस है, हमारे प्यारे सज्जनों की मण्डली बैठी हुई है, और सत्प्रबन्ध देखने की इच्छा प्रकट कर रही है। तो मैं भी अपनी प्यारी को क्यों न बुलाऊँ। (नेपथ्य की ओर देखकर) प्यारी, अरी मेरी प्रानप्यारी!

(नेपथ्य में से आती हुई)

नटी : क्या है क्या ?

सूत्र : यही है कि, जो है सो... (शिर खुजलाता है)

नटी : कुछ कहोगे कि, केवल जो है सो।

सूत्र : यह कि, तुम्हारा नाक-भौं चढ़ाना देखकर हमारे चित्त में यह इच्छा होती है कि, कोई-वीर-रस का अभिनय आज इन सज्जनों को दिखाऊँ, क्योंकि -सत्कविता,
हितकर वचन, सज्जन हीं के हेत।
विधु लखि चन्द्रमणी द्रवै, काँच ध्यान नहिं देत।।

नटी : तो कौन प्रबन्ध ?

सूत्र : यह भी हमहीं से पूछोगी, हमने तो तुम्हीं से मंत्रणा करना विचारा था, क्योंकि-दुख में मित्र समान अरु, गृह में गृहिणी होत। जीवन की सहचरी सो, रमणी रस

की सोत।।

नटी : (हँसकर)-आज तो बड़ी सज्जनता सूझी है। अच्छा तो "सज्जन"- नामक प्रबन्ध क्यों न दिखाया जाय। प्रबन्ध भी छोटा और मनोरम है।

सूत्र : अच्छा सोचा। पर प्रिये ! कुछ अपने मधुर कण्ठ से गाकर सुनाओ, क्योंकि-पशुहूँ मोहत जाहि सुनि, उपजावत अनुराग।

चित्त प्रफुल्लित करन हित, और कौन जस राग।।

और ऋतु भी शरद का कैसा मनोहर है !

भयो विमल जल लोल नलिनि की अवली फूली।
सारस करत कलोल मयूरी बोलन भूली।।
निर्मल नील अकास कास फूलै कूलन मैं।
शीतल मंद सुवास पवन खेलै फूलन मैं।।

(नेपथ्य में से मृदंग शब्द सुनाई पड़ता है)

नटी : अब तो महाराज दुर्योधन के सभा ही में गाना आरम्भ हुआ है।

सूत्र : क्या अभिनय आरम्भ हुआ ? तो चलो जल्दी चलें।

(दोनों जाते हैं)

प्रथम दृश्य

(द्वैत सरोवर का निकटवर्ती कानन)

(पट-मंडप में दुर्योधन, दुःशासन, कर्ण, शकुनी प्रभृति बैठे हैं, और उनकी स्त्रियाँ भी पार्श्व में बैठी है। नृत्य हो रहा है)

गाने वाली गाती है -

सदा : जुग-जुग जीओ महाराज।
सुखी रहो सब भाँति अनन्दित,
भोगो सब सुख साज।
नित नव उत्सव होय मगन मन,
विनवैं राज समाज।।

कर्ण : वाह ! क्या अच्छा गाया !
(दुर्योधन अँगूठी देता है)

दुर्योधन : मित्र कर्ण ! पाण्डवों को हमारे आने का पता लगा कि नही ?

कर्ण : अवश्य ही उन्हें ज्ञात होगा।

दुश्शा. : वे पाँचों इस समय अकेले होंगे, समय तो अच्छा है।

कर्ण : चुप... हाँ हमारे विभव को देखकर वे अवश्य ईर्ष्या से जलते होंगे, और हम लोगों के आने का तात्पर्य भी तो यही है।

दुर्यो. : (उर्ध्व साँस लेकर)-जब से अर्जुन के अस्त्र प्राप्ति की बात हमने सुनी है, तब से हमारे मन में बड़ी आशंका है।

कर्ण : कुछ आशंका नहीं है।

जो चण्ड आप भुज दण्ड रहे सहारे।
हैं नित्य नूतन हिये महँ ओज धारे।।
उद्योग सों विरत होय कबौं न हेली।
लक्ष्मी सदा रहत तासु बनी सुचेली।।

दुर्यो. : क्यों न हो मित्र कर्ण! तुम ऐसा न कहोगे तो कौन कहेगा (कर्ण सिर हिलाता है)।

विदूषक-(स्वगत) : देखो केवल कर्ण से सलाह लेने वाले मनुष्यों की क्या दशा होती है। मनुष्यों, तुम्हें ईश्वर ने आँख भी दिया है, उससे कार्य लिया करो, हमारे राजा दुर्योधन को तो केवल कर्ण ही मित्र है, और होना भी चाहिए, क्योंकि धृतराष्ट्र का पुत्र है।

कर्ण : ओ बतोलिये ! क्या बड़बड़ाता है।

विदू. : (हाथ जोड़कर)-जी धर्मावतार ! कुछ नहीं।

कर्ण : झूठ बोलता है, और मुँह के सामने।

दुर्यो. : चला जा सामने से।

कर्ण. : जा मुँह मत दिखा।

(विदूषक मुँह बनाकर मुँह फेर लेता है)

दुर्यो. : (झिड़क कर) बाहर जाओ।

विदू. : जाता हूँ सरकार ! (विदूषक बाहर जाता है)

कर्ण : इसके सामने मंत्रणा करना ठीक नहीं है।

शकुनी : मंत्रणा क्या है ? मृगया खेलने चलोगे न ?

(इंगित करता है)– पशु भी तो इसी वन में है।

कर्ण और दुर्योधन : हाँ, हाँ ठीक है।

(आपस में इंगित कर चुप रह जाते हैं)

(नेपथ्य में)

कर्ण : (क्रोधित होकर)–तू कौन है, नहीं जानता कि किसके सामने खड़ा है?

राक्षस : (उसे छोड़कर)–जानता हूँ! बुद्धि का जिसे अजीर्ण

है और जिसे केवल कर्ण ही का सहारा है, उस कौरवाधिपति के सामने।

कर्ण : (उठकर)
रे नीच मीच तव कंध नगीच आई
जो कौरवाधिप समीप करै ढिठाई,
क्यों ह्वै अभीत इत आवन दुष्ट कोन्ह्यों,
बेगै बताव मम खड्ग कबौं न चीन्ह्यों,

दुश्शा. : (राक्षस से) क्यों, तू क्यों यहाँ आया है ?

राक्षस : महाराज गन्धर्वाधिराज चित्रसेन ने कहा है कि दुर्योधन से कहो कि मृगया खेलने का विचार यहाँ न करें। उत्सव कर चुके, अब यदि अपना कुशल चाहें तो यहाँ से हस्तिनापुर को प्रयाण करें।

कर्ण : (क्रोधित होकर) जा जा, अपने स्वामी से कह दे कि हम लोग अवश्य मृगया खेलेंगे।

राक्षस : अच्छा (सिर हिलाता हुआ जाता है, और विदूषक की टाँग पकड़ कर खींचता जाता है)

विदूषक : अरे छोड़, मत दुख दे, मैं तो जिसकी विजय होगी उसी के पक्ष में रहूँगा।

(राक्षस उसे छोड़ कर चला जाता है)

[पट-परिवर्तन]

द्वितीय दृश्य

(स्थान– द्वैत सरोवर, मृगया के वेश में दुर्योधन और कर्ण इत्यादि बाण धनुष पर चढ़ाए हुए एक मृग के पीछे चले आते हैं)

दुर्योधन : (चारों ओर देखता हुआ) हैं! मृग कहाँ भागा ?
मृग की बात कहाँ कहौं, बीर देखि डर जात।
अस्त्र सामुहे दृढ़ हृदय, किये कौन ठहरात।।

दुश्शा. : हाँ, हाँ, ठीक है, ('मृग की बात' इत्यादि फिर से पढ़ता है)

दुर्यो. : अहा हा ! यह स्थान कैसा मनोरम है, सरोवर में खिले हुए कमलों के पराग से सुरभित समीर इस वन्य प्रदेश को आमोदमय कर रहा है–
नीलसरोवर बीच, इन्दीवर अवली खिली।

कर्ण : मनु कामिनि कचबीच, नीलम की वेंदी लसै।।

दुर्यो. : जलमहँ परसि सुहात, कुसुमित शाखा तरुन की।

कर्ण : मनु दरपन दरसात, निज मुख चूमत कामिनी।

दुर्यो. : सारस करत कलोल, सारस की अवलीन में।

कर्ण : मंनु नरपति के गोल, चक्रवर्ति विहरण करै।।

शकुनी : वाह ! अंगराज ने तो आज उपमा की झड़ी लगा दी (कुछ सुनकर) वे कौन हैं। (नेपथ्य में से) यही हैं।
(सब चकित होकर देखते है)
(यक्षगण की सेना का प्रवेश)

सेनापति : तुम लोग यहाँ से शीघ्र चले जाओ।

कर्ण : (तलवार पर हाथ रख कर) तू कौन है ?

सेनापति : मैं स्वामी के आज्ञानुसार शिष्टता के साथ कह रहा हूँ, नहीं तो दूसरी प्रकार से आप लोगों का आदर किया जायगा। क्योंकि...प्रथम राखि महामति मान को। शुचि बतावहिं नीति बिधान को।।

: यदि न मानहि मूरख टेक सों। तब करे हठि दण्ड अनेक सों।।

(दुर्योधन क्रोध दिखलाता है)

कर्ण : (तलवार निकाल कर) अपनी चपल जीभ को रोक और अपनी रक्षा कर ! (दोनों तलवार निकालकर युद्ध करते हैं। इतने में विद्याधरों को साथ में लिए चित्रसेन का प्रवेश)

(गन्धर्वों को ससैन्य देखकर सब का खड़े हो जाना। आगे बढ़कर और मुँह फेर कर दु

चित्रसेन : कौरवपति ! तुमको बहुत समझाया गया, परन्तु तुमने हठ न छोड़ा।

(दुर्योधन अनसुनी करता है)

चित्रसेन : हैं, इतना घमण्ड ?

बार बार सानुनय रह्यो यद्यपि मम अनुचर।
तबहुँ न मान्योमूढ़ ग्राह सन्निंकट द्वैत सर।।
मृगया खेलन लग्यो जहाँ मम बिहरण को थल।
प्रहरी वर्जन करयो तिन्हें मारयो तेहिपै खल।।
जानत नाहिं प्रचण्ड भुजन को पामर ! मेरे।
चञ्चल दृढ़ कोदण्ड और नाराच करेरे ?
अबहुं न क्यों हटि जात, मानि के आज्ञा मेरी।
क्षमा किये बहु बार, अवज्ञा को हम तेरी।।

(दुर्योधन क्रोध से तलवार खींचता है)

दु:शा. : महाराज ! सावधान रहिये।

कर्ण : बस, बहुत बड़बड़ा मत, नहीं तो यें अँगुरियाँ बीणा बजाने योग्य न रह जायगी। अह ह ह ह दुष्ट !

सुधर साजि मनोहर रूप को
नित रिझावहिं जो सूर भूप को,
तिनहि संग बजावहु बीन को,
तुमहि संग की मति दीन को ?

और यदि न मानेगा तो (दाँत पीस कर)

क्रोधानलज्ज्वलित भीम करालिका सी,
संहारकारिणि हँसै जिमि कालिका-सी।
सो चञ्चला असि जबै चमकै लगैगी,
तेरो सुरक्त करि पान महा पगैगी।।

गंधर्व : अच्छा तो फिर बचाओ अपने को ! (सब तलवार निकाल कर लड़ते हैं, युद्ध में कर्ण सब्र की भगाने का साहस करता है और विक्रम दिखाता है, इतने में पीछे से राक्षसों की सेना आती है और सब को घेर लेती है)

[पट-परिवर्तन]

तृतीय दृश्य

(स्थान- कानन, पर्ण-कुटीर)

(चारों ओर शान्ति विराज रही है। एक सघन वृक्ष के नीचे युधिष्ठिर और अर्जुन, नकुल, सहदेव, द्रौपदी के सहित बैठे हुये हैं।)

युधिष्ठिर : अहा ! प्रकृति की गति कैसी अनोखी है–

मध्याह्न में : महत तेज लखात जाको,
आकाश मध्य कोउ देखि सकै न जाको।
सो दिव्य देव दिननाथ लहै प्रतीची,
ह्वै कै सुरञ्जित लखात सबै नगोची।

अर्जुन : महाराज, यह तो ठीक ही है–
जे जाइ पश्चिम दिशा मह मोद माते,
ह्वै बारुणी विवस मोह तरंग राते।
देखे तिन्हें पतित लोग सबै हँसाही,
प्राची दिशा शशि मिसै हँसती सदा हीं।।

द्रौपदी : तो इससे क्या–
आदित्य के उदय के पहले निशा में।
घोरान्धकार बढ़ि जात लखौ अमा में।।
उद्योग में तदपि घूमत आस धारे।
ह्वै अस्त हूँ उदय होत प्रभू सहारे।।

नकुल और सहदेव : आर्य ! प्यास लगी है।

युधिष्ठिर : (मुँह फेर कर) हा दैव ! यही सब देखना है। हाय हाय!

ये सुकुमार और यह कराल कानन–

जिन कबहूं न दीन्हें पाँवहू को धरा में।

तिन समिध बटोरैं औ करैं मृत्यका में।।

समुझत रतनों को फार सों जे उतारैं।

वह कुसुम जुहा के भूषनों को सुधारैं।।

(उसास लेकर) हे विश्वम्भर !

जिनहिं बढ़ायो मान सों, न करु तासु अपमान।

कुलवारन को कुल यही, रहै जगत सनमान।।

नकुल और सहदेव : आर्य ! अभी जल नहीं आया ?

युधिष्ठिर : (नेपथ्य की ओर देखकर) बच्चा घबराओ मत, वह भीम आते हैं।

(भीम का जल लिए प्रवेश। भीम लोटा रख कर जोर से हँसता है। युधिष्ठिर और अर्जुन पूछते हैं, पर केवल हँसता है)

युधि. : (हंस कर) वत्स ! भीम है क्या ?

भीम : (हंसते हुए) आर्य ! कुछ नहीं, बहुत अच्छा हुआ।

युधि. : अरे सुनूं भी, क्या अच्छा हुआ ?

भीम : अच्छा कहूँ, नहीं नहीं, नहीं, नहीं आपसे नहीं। धनंजय ! इधर आओ तुम से कह दें। महाराज से तुम्हीं कहो, हम को तो हँसी रोके से नहीं रुकती है। (हँसता है। युधिष्ठिर इंगित करते हैं। अर्जुन उठ कर जाते हैं। भीम कुछ कान में कहता है।)

अर्जुन : (युधिष्ठिर के पास आकर) आर्य ! भीम जल लेने के लिये द्वैत सरोवर पर गये थे, वहाँ देखा तो दुर्योधन और गंधर्वों में घोर युद्ध हो रहा है, फिर परिणाम यह हुआ कि वे सब दुर्योधन को पकड़ ले गये।

युधि. : (खड़े होकर) वत्स भीम ! तुम वहाँ रहो और तुम्हारे सन्मुख दुर्योधन को पकड़ कर वे सब ले जायँ और तुम

कुछ न करो ! छि:छि:!

भीम : महाराज ! इसी सज्जनता के कारण तो आपकी यह दशा है। मैं तो ऐसी बातों का पक्षपाती नहीं हूँ।

युधि. : विपत्ति में मानव को निरेखि के,
सुखी करै चित्त सुमोद लेखि के।
अहै वही नीच महान नारकी,
तजौ यही बात बुरे विचार की।।

वत्स भीम! : शत्रु को दु:खी देखना और घृणित उपाय से बल-प्रयोग करने को क्रूरता कहते हैं। तुम वीर हो, वीरता को ग्रहण करो –
अरिहूँ ये छल करै नहीं सन्मुख रन रौपै।
दृढ़ कर में करवाल गहै मिथ्या पर कौपै।।
दुखी करै नहिं द्विज, सुरभी, अबला नारी को।
लक्षण ये सब सत्य-वीर-व्रत के धारी को।।
(भीम कुछ कहना चाहता है, इतने में रोते हुए दासी और रानियों का प्रवेश)

दासी और रानी : धर्मावतार ! रक्षा करिये !

युधि : क्या है क्या ?

दासी : भीष्मादि गुरुजनों के मना करने पर भी कौरवनाथ विहार करने के हेतु यहाँ आये थे, सो अकारण, गंधर्वों के साथ युद्ध हो गया, गन्धर्व लोग कौरव पति को समित्र बांधे लिये जाते हैं, रक्षा कीजिये, रक्षा कीजिये !

युधि. : वत्स अर्जुन ! जाओ–उन्हें शीघ्र छुड़ा लाओ– (दासियों से)-क्यों वे कितनी दूर गये हैं ?

दासी : अभी वह वहीं होंगे, महाराज ! रक्षा कीजिये !
(अर्जुन जाते हैं।)
[पट-परिवर्तन]

चतुर्थ दृश्य

(स्थान द्वैत सरोवर)

(दुर्योधन को पकड़े हुए विद्याधर ले जाने को उत्सुक हैं)

विद्याधर : चल, अब चलता क्यों नहीं, लड़ने के लिए तो बहुत बल था।

दूसरा : शकुनी, कोई जुए की जाल यहाँ भी सोच रहे हो क्या?

तीसरा : यह न समझना कि निकल भागेंगे।

कर्ण : (क्रोध से)-क्या बकबक करता है, अपना काम कर, चलते हैं न।

विद्याधर : ओ हो, इन्हें अपमान के साथ नहीं ले चलना होगा, उचित मान की आवश्यकता है।

चित्रसेन : क्यों दुष्टो ! अब छल से पाण्डवों को मारने का विचार न करोगे ? (विद्याधरों से)-आओ, अब इन सबको ले चलें (इतना कह कर चित्रसेन ज्यों ही चलने को उद्यत होता है, वैसे ही अर्जुन प्रवेश करता है।)

अर्जुन : ठहरो, ठहरो, तुम लोगों का प्रधान कौन है ?

सेनापति : (आगे निकल कर खड़ा हो जाता है) हम हैं हम। तुम्हें क्या कहना है?

अर्जुन : यही कि यदि अपनी कुशल चाहते हो, तो इन लोगों को छोड़ दो।

सेनापति : वाह ! वाह ! आप छुड़ाने आये हैं, दर्पण तो यहाँ

मिलेगा नहीं—द्वैत सरोवर के जल में जरा मुँह देख आओ !

अर्जुन (क्रोधित होकर) : कंटक नहिं पददलित होत मारग मैं जौलौं।
मुख की तीछनता कौ त्यागत है नहिं तौ लौं।
नीच प्रकृति जन मानत नाहिन हैं बातन ते।
ये पूजा के योग सदा ही हैं लातन ते।
दुष्टो ! फिर भी समझाता हूँ—मान लो। इन लोगों को छोड़ दो।

दुर्योधन : मैं तुम्हारी दया नहीं चाहता।

कर्ण-(सगर्व) : सहें अनेकन कष्ट पै, लहैं सदा ही मान।
अरि सों दया न चाहते, साँचे बीर महान।

अर्जुन-(शिर हिलाकर): मैं तुम से कुछ नहीं कहना चाहता। (विद्याधरों से)- हाँ इतनी देर में क्या सोचा ?

सेनापति : जा जा, अपना काम कर।

अर्जुन : (दाँत पीस कर) -
ह्वै सावधान सब रक्षहु आपने को।
देखो प्रचण्ड भुजदण्ड बलै घनों को।
वेरी कराल वन दाहन ज्वालिका सी।
मेरी अहै सुअसि विद्युत मालिका-सी।।
(अर्जुन तलवार निकाल कर आक्रमण करता है, और सब दुर्योधननादि को घेर कर लड़ते है। किन्तु घोर युद्ध के उपरान्त अर्जुन से व्यथित हो कर सब भागते हैं, और उसी समय चित्रसेन का प्रवेश होता है। अर्जुन उस पर भी झपटता है, चित्रसेन हट कर वार करता है, दोनों में द्वन्द्ध युद्ध होता है)

चित्रसेन : बस मित्र बस, बहुत हुआ।

अर्जुन-(छोड़कर) : हैं, मित्र चित्रसेन ! तुम कहाँ ?
(दोनों गले से गले मिलते हैं सब आश्चर्य से देखते हैं।)

अर्जुन : मित्र ! क्षमा करना, युद्ध-विप्लव में सहसा आपको न

पहिचान सका !

चित्रसेन : मित्र ! कुछ नहीं वह केवल संयोग था। कहो तुम कैसे यहाँ आये ? युद्ध क्यों हुआ ?

अर्जुन : महाराज की आज्ञा हुई कि दुर्योधनादिकों को गन्धर्व लोग पकड़े लिए जाते हैं, अतएव उन्हें शीघ्र जाकर छुड़ाओ।

चित्रसेन : (आश्चर्य से) महाराज ने आज्ञा दी ! (सोचकर) अहा ! यह बात सिवा धर्मराज के किसके हृदय में आ सकती है ! देखो–

लाक्षागृह में जारन चाह्यो, जूआ खेल्यो।
छल सों सब करि हरण, दियो बनवास अकेल्यो।।
कानन हूं में आयो छल से जो मारन को।
त्यहि अरिहूं पै दया करै, अस मतिधारण को।।

अच्छा चलिये। (विद्याधरों से) : चलो, इन्हें इसी प्रकार से महाराज के सन्मुख ले चलो।

(अर्जुन से) आओ मित्र धनंजय ! हम लोग भी चलें।

(दोनों आगे-आगे हाथ में हाथ मिला कर जाते हैं। पीछे-पीछे विद्याधर लोग दुर्योधनादिक को बाँध कर ले चलते है।

पञ्चम् दृश्य : सज्जन (नाटक)

(महाराज युधिष्ठिर, भीम, नकुल, सहदेवादि द्रोपदी सहित बैठे हुए हैं)

युधि. : प्रिये कृष्णा ! कुमुदिनीनायक के सुप्रकाश में कानन कैसा प्रतीयमान हो रहा है–

तिमिर गगन माँहीं, चन्द्र आभा प्रकासै।

द्रौपदी : जिमि सुमति लहेते चित्त में धर्म भासै।।

युधि. : उदयत रजनी में जो सदा तेज धारै।

द्रौ. : जिमि सुजन सुसंगौ में परे पुण्य धारै।।

युधि. : कुमुदिनि विकसानी इन्दु की मूर्ति देखे।

द्रौ. : शुभमति सुधरै है ज्यों विवेकै सुपेखे।।

युधि. : उडुगन जुरि आये चन्द्र को चारु धेरैं।

द्रौ. : जिमि शुभ फल आवैं सज्जनों पै घनेरै।।

(सबको लिए हुए अर्जुन का प्रवेश)

अर्जुन : आर्य के चरणकमलों में सेवक का नमस्कार।

युधि. : वत्स धनंजय ! निरन्तर विजयी हो !

(सब अभिनन्दन करते हैं)

(युधिष्ठिर उठ कर दुर्योधनादिक का बंधन खोलते हैं। नेपथ्य में धर्मराज की जय-जय की ध्वनि होती है। फूलों की वर्षा होती है। सब यथोचित बैठते है।)

युधि. : वत्स दुर्योधन ! सब कुशल है ?

दुर्योधन : (लज्जित होकर)-महाराज की कृपा से।

चित्रसेन : महाराज सुरेन्द्र ने आपको आशीर्वाद कहा है। उन्हें कौरवपति का असत्परामर्श ज्ञात हो गया था, इस कारण उन्होंने हमको भेजा। हमने भेजा। हमने इन्हें बहुत बार समझाया पर इन्होंने न माना, इस कारण इनके साथ हमें ऐसा व्यवहार करना पड़ा, अतएव क्षमा चाहता हूँ।

युधि. : जाने दो उस बात को। देवराज से हमारा अभिवादन कहना, और कहना हम उनकी कृपा के लिए कृतज्ञ हैं।

चित्रसेन : अच्छा महाराज ! (एक विद्याधर को इंगित करता है, और वह नम्र होकर चला जाता है।)

युधि. : वत्स सुयोधन ! तुम गुरुजनों की आज्ञा के अनुकूल नहीं चलते, यह अच्छा नहीं करते। देखो साम्राज्य का भार तुम्हारे ऊपर है, यह संसार में कैसा गुरुतर कार्य है ? यह स्वयं जानते हो किन्तु फिर भी ऐसी चूक तुमसे क्यों होती है, सो ज्ञात नहीं होता। संसार में राजा ईश्वर का प्रतिनिधि-स्वरूप समझा जाता है, अतएव तुम्हें बहुत समझ कर चलना चाहिए।

खल को शासन करै शरासन दृढ़ करि धारे।
अनुचर आस न रहै सिंहासन नित्य सुधारे।।
पास न राखे नीच, तिन्हैं नासन हित सोचै।
जासन मानै प्रजा सदा विश्वास न मोचै।।
सबहीं सों नहिं लड़ै अड़ै नहिं नीचजनों से।
नहिं आलम में पड़ै कड़ै बरतै न जनों से।।
तजि मय्र्याद न बढ़े चढ़ै आभा नित दूनी।
सबहि मोद सो मढ़े बढ़े कीरति चैगूनी।।
और -नीति प्रीति युत प्रजा सों, पालत है जो राज।
सिंहासन सोहत सदा, ताही को सुख साज।।

युधि. : जाओ राज्य करो।

(विद्याधरी गण माला लिये हुये आती है, और गाती हुई नाचती हैं।)

धर्म को राज सदा जग होवे।
सुख सों पूरि रहै पुहुमी यह -
नित नव मंगल होवे।।
सत्कविता सज्जनता ही पर
प्रेम सबहिं को होवे।।
सज्जन की जय धर्मराज की -
विजय सदा ही होवे।।
धर्म को राज सदा जग होवे -

(युधिष्ठिर के गले में सब माला पहिराती है, सब धर्म की जय कहते हैं।)

[पटाक्षेप]

कल्याणी परिणय
पात्र-परिचय

चाणक्य

चन्द्रगुप्।

इन्दुशर्मा

चण्डविक्रम

सिल्यूकस

मेगास्थिनीज

साइबर्टियस

दौवारिक

चर

कार्नेलिया : कल्याणी

एलिस

तरलिका, चार नर्तकियां

पहला दृश्य

[सिंधु तट-कानन। चाणक्य टहलता हुआ दिखाई देता है।]

चाणक्य : वाह ! प्रभात का समय भी कैसा सुन्दर होता है, देखो।
अन्धकार हट रहा जगत जागृत हुआ।
रजनी का भी स्तब्ध भाव अपसृत हुआ।।
नीलाकाश प्रशान्त स्वच्छ भाव होने लगा।
दक्षिण-पवन-स्पर्श सुखद होने लगा।।
क्लान्त निशा जो जगी रात भर मोद में।
चली लेटने आप नींद की गोद में।
उषा का पट ओढ़ लिया अति चाव से।
अन्तरिक्ष में सोने को शुचि भाव से।।
पर जीवों को जगा दिया कलनाद से।।
जो तन्द्रा-सुख भोग रहे आह्लाद से।।

(कुछ ठहर कर) पर मुझे भी दिन-रात राज-काज के झगड़ों ने दूसरा ही बना डाला। चाणक्य ! तेरी वह शान्ति कहाँ गयी ? इस क्रूर कार्य में क्यों तूने हाथ डाला ? हाय, सब कहते हैं कि चाणक्य बड़ा ही दुष्ट है पर उन्हें यह ध्यान ही नहीं कि यह कार्य ही ऐसा है ! संसार ! संसार !! तेरी लीला अपरम्पार है। मनुष्य को ध्यान भी नहीं रहता कि वह क्या से क्या हो गया। अनिर्वचनीय शक्ति तूने -

छाया-सा अस्पष्ट चित्र दिखला दिया।
भ्रममय अनुसंधान हमें सिखला दिया।।
नहीं तो कहाँ मैं, और कहाँ यह दुस्तर कुहेलिका-समुद्र संसार

!

आह !

(स्मरण करके गद्‌गद कण्ठ से आंखें बन्द किए हुए)

दूर छोड़ कर देश किस जगह आ गया।
यात्री का पद कहो कहाँ से पा गया ?
नये-नये हैं साथ राह भी है नयी।
नव विस्मृति के साथ व्यथा नव हो गयी।।
सुख समुद्र के बीच प्रेम का द्वीप था।
चन्द्रदेव का रजत-बिम्ब ही दीप था।।
पवन-सुरभि आनन्दपूर्ण सुख शीत था।
नव वसन्त का राग शान्ति-संगीत था।।
चिर वसन्त-मय काम्य कुसुम के कुञ्ज थे।
जिनमें विहरणशील रसिक अलिपुञ्ज थे।।
इतना था सौहार्द सभी हम एक थे।।
एक अकेले हमीं रहे, न अनेक थे।।
करुणा का था राज्य, प्रेम ही धर्म था।
युद्धानन्द विनोद एक ही कर्म था।।
न था किसी में मोह, कभी न विवाद था।
मिलता अविरत स्वच्छ सुधा का स्वाद था।।
भीति शीत की भी, न मार्ग की यन्त्रणा।
यह कुचक्र-मय चाल न थी, न कुमन्त्रणा।।

सैनिक : (प्रवेश करते, स्वगत) रंग-ढंग तो आज निराला है, बाप रे बाप ! किसके लिए कुमन्त्रणा की चक्की तैयार हो रही है ? किसका सिर पीसकर यन्त्रणा दी जायगी? कह दें, साहस ही नही होता कि कह दें। अच्छा ठहर जायँ। -

चाणक्य : (निःश्वास लेकर आँख खोलता हुआ)
तप्त हृदय का उष्ण नहीं निःश्वास था।

शुद्ध प्रेम-मय भाव सत्य विश्वास था।।

सैनिक : (जल्दी से) मन्त्रिवर ! ग्रीक शिविर से एक ब्राह्मण आये हैं।

चाणक्य : (झिड़क कर) चला जा यहाँ से। तुझे किसने यहाँ आने को कहा है ?

सैनिक : (घबराकर काँपता हुआ) उसी ब्राह्मण ने। जाने लगता है -

चाणक्य : (रोक कर) उसने अपना नाम भी कुछ बताया है (कुछ सोचकर) अच्छा, जाओ बुला लाओ। (सैनिक जाता है)

इन्दुशर्मा : (प्रवेश कर) नमस्कार !

चाणक्य : नमस्कार ! कहो जी क्या समाचार है ?

इन्दुशर्मा : अमात्य ! हमारा चन्द्रगुप्त के शिविर में आना आज यवनों पर विदित हो गया, आज मैं किसी तरह वहाँ से चला आया पर अब न जाऊँगा। (पुरजा देकर) यह लीजिये यह ग्रीक शिविर का पूरा विवरण इसी में लिख दिया है, इसे आप स्वस्थ होकर पढ़ लीजिये।

चाणक्य : मित्र ! हम तुम्हारे कृतज्ञ हैं। पर क्या एक बात जानने में तुम हमारी कुछ सहायता कर सकोगे ? क्या यह बता सकते हो कि यवन शिविर में से कुछ स्त्रियाँ जो बाहर निकलकर घूमती थीं, वे कौन थीं।

इन्दुशर्मा : (कुछ सोचकर) वह तो यवन सम्राट सिल्यूकस की कन्या थी जिसे मैं पढ़ाया करता था।

चाणक्य : ठीक है। मुझे भी यही सन्देह था। अच्छा अब विश्राम करें (इन्दुशर्मा जाता है चाणक्य फिर टहलने लगता है। कुछ सोचकर) हूँ, तभी चन्द्रगुप्त की यह अवस्था है। अच्छा पर क्या इतना परिश्रम व्यर्थ होगा। तलवार से नहीं, बुद्धि से नहीं, लक्ष्मी की झलक से नहीं, केवल एक क्षुद्र कटाक्ष से कौटिल्य का कूटचक्र टूट जायगा।

कभी नहीं, कभी नहीं। कोई कवि होता तो अवश्य कहता -

कृष्ण केसर से भरे नव नील सरसीरूह अहो।
देखकर किसका मधुप-मन धैर्य धरता है कहो।।
पड़ गयी माला गले जिसके सरस नलिनाक्ष की।
कंटकों की है लड़ी तैयार कुटिल कटाक्ष की।।
चुभ गये काँटे जिसे वह एक पग चलता नहीं।
दलित अपने हृदय को निज हाथ से मलता वहीं।।
पर मुझे तो ऐसी कपोल कल्पनाएं अच्छी नहीं लगतीं।

चन्द्रगुप्त ! : क्या ग्रीक कुमारी के भोगे सुख ने तुझे भुला दिया कि तूने किस कठिनाई से राज्य पाया है। हूँ, मैं समझ गया। यवनों की एक चाल यह भी है। मछली फँसाने के लिये वंशी फेंक दी गयी है, चारा भी मुँह में लग चुका है। पर अभी बारा-न्यारा नहीं हुआ। (हँसकर) अरे चाणक्य ! तिमिगिल और बंसी सहित अहेरी खिंचा चला आये तब तो नाम, नहीं तो ये भी क्या जानेंगे। (घूमकर नेपथ्य की ओर देखकर) उधर देखो, चन्द्रगुप्त चला आ रहा है, मुखमण्डल सन्ध्या के कमल-सा हो गया है, अहा। इसका मलिन मुख हमसे नहीं देखा जाता। सम्भवत: यह प्राभातिक वायु सेवन करके शिविर की ओर लौटा जा रहा है। मैं भी अपना आर्थिक-कृत्य समाप्त कर चुका हूँ। चलूँ, अभी बहुत-सा कार्य करना है। प्रभात में जो थोड़ी शान्ति मिली थी, इन झंझट के कामों से वह फिर जाती रहेगी। (जाता है)

[पटाक्षेप]

दूसरा दृश्य

(शिविर में चन्द्रगुप्त और चण्डविक्रम)

चन्द्रगुप्त : अजी जाकर महामंत्री से कह दो कि मैं अस्वस्थ हूं, इससे थोड़ी देर में मन्त्रणगृह में आऊँगा। (स्वगत) इन झंझटों से घड़ी भर भी अवकाश नहीं।

चण्डविक्रम : किन्तु महाराज ! ऐसे रण-प्रांगण में आप क्यों सुस्त हो रहे हैं कुछ समझ में नहीं आता ? आज पाँच दिन से समस्त सैनिक लोग व्यग्रमुख से आप से आज्ञा कर रहे हैं।

चन्द्रगुप्त : वयस्य चण्डविक्रम। युद्ध कुछ खिलवाड़ तो है नहीं, कि अब इच्छा हुई अकारण सैनिकों का नाश कर दिया जाय। यह तो शत्रु की विशेष गति-विधि पर ध्यान रखकर किया जाता है जिसमें अपनी हानि न हो।

चण्डवि. : (धीरे-से) पर मैं देख रहा कि महाराज के हृदय-पट पर कोई अलक्षित चित्रकार नया रंग भर रहा है।

चन्द्रगुप्त : (चौंककर) क्या कहा, क्या ? तुम तो व्यर्थ ही शंका कर रहे हो।

चण्डवि. : (हंसकर) महाराज शंका किसलिये करूँ।

चन्द्रगुप्त- : (छिपाते हुए) कुछ नहीं, हमने समझा कि तुम कुछ दूसरी बात समझ रहे हो।

चण्डवि. : महाराज।

नव धन जल सींची जा चुकी जो धरा है।

हृदय सरस जिसका भाव ही से भरा है।।
वह प्रगट न वैसी आदर्य देती लखाई।
तृण हरित बताते हो गयी है सिंचाई।।

चन्द्रगुप्त : इस कविता का भाव मेरी समझ में नहीं आया।

चण्डवि. : (पद्य)
वसन्त के कानन में खिला जो।
मलिन्द से प्रेम भरा मिला जो।।
गुलाब वो गन्ध छिपा सके नहीं।
समीर-निःश्वास कहे जहाँ तहीं।।

चन्द्रगुप्त : (मुस्कराकर) यह तो तुमने अच्छा मघवा का अर्थ बिड़ौजा किया।

चण्डवि. : क्षमा कीजिये, अब मुझे प्रगट कहना पड़ा। अच्छा, कल आप मृगया खेलते-खेलते किधर चले गये थे ? हम लोगों से जब आप अलग हुए तब मालूम होता है कि मृग तो आपके हाथ लगा नहीं वरन् आप ही किसी मृगनयनी के बरूनी के जाल में फँस गये। मैं तो यही समझ सका, आगे जो कुछ हो।

चन्द्रगुप्त : अब तुम से क्या छिपाएं, सुनो। जब मृग के पीछे मैं बहुत दूर निकल गया, तब मुझे मालूम हुआ कि मैं जंगल की सीमा पर चला आया हूँ। अस्तु मैं थोड़ी देर तक वहाँ ठहर गया क्योंकि मृग झाड़ी में छिप गया था और मैं भी शांत हो गया था। अभी थोड़ी देर भी नहीं हुई थी कि मृग घोड़ों की टाप सुनकर झाड़ी में से निकलने लगा। मैंने भी अपना धनुष चढ़ाकर ज्यों ही ती छोड़ना चाहा कि, हाय, मैं घायल हो गया। (चुप हो जाता है।)

चण्डवि. : हाँ फिर क्या हुआ ? कहिये न, इसी से तो मैं समझता हूँ कि आप छिपाना चाहते है।

चन्द्रगुप्त : क्या कहें उसी समय मेरे सामने से सुन्दरियों का एक झुण्ड अपने घोड़ों को दौड़ाता हुआ निकल गया।

चण्डविक्रम ! मैं तो अवाक्-सा रह गया। मुझे मालूम हुआ कि नन्दनकानन से भूलकर अप्सराएं इस घोर कानन में चली आयी हैं। अहा ! उसका लावण्य तो मैं कह नहीं सकता जो सबके आगे काले घोड़े पर सवार होकर नीलघन की चपला को लजा रही थी।

(पद्य लावनी)

वे खुले अलक मारूत से क्रीड़ा करते।
मुखरूप-सिन्धु में लहरों को अनुहरते।।
था रूप मिला परिमल से प्रेम-भरा था।
वर्षा-कानन सा निर्मल हुआ हरा था।।
राका वसन्त-सा मधुर, तीक्ष्ण दिनकर-सा।
गम्भीर शान्ति-संगीत सुधामय स्वर-सा।।
आकर्षण था उस चन्द्रकान्त में ऐसा।
खिंच जाय हृदय लोहा का भी हो कैसा।।

अहा, वह नैसर्गिक सौन्दर्य क्या फिर भी देखने को मिलेगा ?

(नेपथ्य में कोलाहल। सैनिक का प्रवेश)

सैनिक : महाराज की जय हो। शत्रुओं ने अचानक आक्रमण कर दिया है। सेनापति सिंहनाद सेना लेकर अग्रसर हो रहे हैं !

चन्द्रगुप्त : (शीघ्रता से) जल्दी घोड़ा खींचने के लिए कहो। चण्डविक्रम ! चलो देखें तो आज ग्रीक लोग कितने वीर हैं। शीघ्र प्रस्तुत हो।

(सैनिक और चण्डविक्रम जाते है)

आवें लड़े ग्रीक, हम वीर निर्भीक,
प्रण में रहें ठीक, सब वीर मेरे।
देखे सबल हाथ, रण बीच कर साथ,
अर्पण करें माथ, पहुँचे न डेरे। आवें...

(चन्द्रगुप्त जाता है। चाणक्य का प्रवेश चाणक्य सीटी

बजाता है, गुप्तचर का प्रवेश)

चर : क्या आज्ञा है ?

चाणक्य : कठिन कार्य है। आज तुम्हारी कठिन परीक्षा है।

चर : आप कहिए, मैं अवश्य करूँगा।

चाणक्य : यह तो मुझे दृढ़ विश्वास है कि चन्द्रगुप्त का पराक्रम ठीक है पर उस पराक्रम की अग्नि में घी डालने का काम तुम्हारा है। जिस समय चन्द्रगुप्त विजयी हो रहा हो उस समय तुमको उसके पास पहुँचकर यवनकुमारी का ध्यान दिलाना होगा और शिविर भी बतलाना होगा। यदि तुम कृतकार्य हुए तो समझ लेना कि चाणक्य तुम्हें यथेष्ट पुरस्कार देगा।

चर : जो आज्ञा ! (जाता है)

[पटा-क्षेप]

तृतीय दृश्य

[सिंधु तट पर चन्द्रगुप्त की सेना,

(समवेतस्वर)

जय जय जय आदि भूमि, जय जय जय भरत भूमि।
जय जय जय जन्म भूमि, अपने सम प्यारी।।
निखिल-विश्व-गुरु समान, जिसका गौरव महान्।
प्रति कण में निहित ज्ञान, प्राण देह धारी।।
हिमगिरि सम धीर रहें, सिन्धु सम गँभीर रहें।
जननी ब्रतधारी।।
हम सब है महाप्राण, भारत के शिरस्त्रण।
असि शरधुन धारी।।

(चन्द्रगुप्त का प्रवेश)

सेना : जय ! महाराजाधिराज चन्द्रगुप्त की जय !

चन्द्रगुप्त : वीरगण ! आज जो परिश्रम आप लोगों ने किया वह अकथनीय है। आज ही मुझे मालूम हुआ कि मैं अकेला नहीं हूँ। भारत के अगणित वीरपुत्र सच्चे हृदय से मेरा साथ दे रहे है।

सिंहनाद : सब महाराज के चरण का प्रभाव है।

चन्द्रगुप्त : वीरगण ! तुम्हारे ऐसे कर्मण्य वीरों के शौर्य, मेरे साहस और ईश्वर की कृपा के मिल जाने से आज सिल्यूकस की विजयिनी ग्रीकवाहिनी को हम लोगों से पराजित

होना पड़ा है।

सेना : जय, सम्राट् चन्द्रगुप्त की जय !

(चर आकर चन्द्रगुप्त से कुछ धीरे से कहता है और इंगित पाकर चला जाता है)

चन्द्रगुप्त : (सैनिकों से) वीरगण ! हम लोगों को अभी और कुछ करना है। ग्रीक नरपशुओं को भारतीय पवित्र धरा से बाहर हाँक देना चाहिए। जिसमें ये फिर हमारी शस्यश्यामला धरा की ओर लोलुप दृष्टि से न देखें।

सैनिक : जैसी महाराज की आज्ञा।

(चाणक्य का प्रवेश)

चाणक्य : विजयताँ भारत सम्राटः।

चन्द्रगुप्त : आर्य। अभिवादन करता हूँ।

चाणक्य : वत्स ! विजयलक्ष्मींलभस्व।

चन्द्रगुप्त : आर्य ! इच्छा होती है कि ग्रीक शिविर पर अचानक आक्रमण करके कूट-युद्धकारी ग्रीकों को बता दें कि भारत का विजय करना दुःसाध्य ही नहीं किन्तु और कुछ भी है।

चाणक्य : ग्रीक शिविर में, सेना और सेनापति दोनों को विशेष लाभ की सम्भावना है।

चन्द्रगुप्त : (प्रसन्न होकर) आर्य का आशीर्वाद सादर ग्रहण करता हूँ।

चाणक्य : अभीष्ट-सिद्धि हो।

(चन्द्रगुप्त आगे होता है और सैनिक पीछे-पीछे 'जय जय जय आर्य भूमि' इत्यादि गाते हुए जाते हैं)

[पटाक्षेप]

चौथा दृश्य

(राजकीय कानन)

कठिन कुहक कल्पनामयी, प्रतिक्षण-सी नित्य नयी।
कल-कल नाद सुनाती है यह मृग-मरीचिका-मयी।।
छाया-सी छोड़ती न छन भर ऐसी ढीठ, भयी।
अंक सदृश बढ़ती है इसकी प्रतिभा प्रभा नयी।।

कार्नेलिया : पिता ! वृद्ध पिता ! तुम्हें आशा कब तक दौड़ाया करेगी ? क्या तुम्हारा पहला शासनविस्तार कम है जो इस पिशाची की छलना में पड़ लाखों जीवों का नाश करा रहे हो। अहा हा ! इस शस्य श्यामला धरा को रक्तरंजित करने वाले हिंस्र पशु नहीं तो क्या है ? ये नर पशु ग्रीक-सैनिक मारी की तरह देश का नाश कर रहे हैं। भारत की पवित्र भूमि केवल हत्या, लूट, रक्त और युद्ध से बीभत्स बनायी जा रही है। वह कैसा सुन्दर देश है! मुझे इस भूमि से जन्मभूमि का-सा प्रेम होता जा रहा है। जिधर देखो नया दृश्य-

श्यामल कुञ्ज घने कानन ऊँचे शैलों की माला है।
सिन्धुधार बह रही स्वच्छ जैसे फूलों की माला है।।
सतत हिमावृत श्रंग बहाते इसमें सरिता धारा है।
स्नेहमयी जननी के मन में जैसे करुणा धारा है।।
सुखद सूर्य उत्ताप शीत में वर्षा में जल धारा है।
शरद गगन में रजत चन्द्रमा घनीभूत ज्यों पारा है।।

हरे भरे सब खेत, सरल मानव, सरला सब बाला है।
देव समान उदार-वदन तब इनका ढंग निराला है।।

(एलिस का प्रवेश कार्नेलिया को देखकर)

एलिस : (स्वगत) वाह नया रंग है। पतंग बाढ़ पर है। (प्रगट) राजकुमारी !

कार्ने. : कौन ? एलिस, तू, आ गयी। देख इस दृश्य के देखने में मैं ऐसी तन्मय थी कि तेरा आना मुझे मालूम नहीं हुआ।

एलिस : कुमारी ! सन्ध्या का दृश्य तो यों ही मनोहर होता है -
अस्त हुये दिन-नाथ पीत कर कान्ति को।
सरला सन्ध्या लगी बुलाने शान्ति को।।
सांसारिक कलनाद शान्त होने लगा।
विभु का विमल विनोद व्यक्त होने लगा।।

कार्ने. : क्रमशः तारापुञ्ज प्रकट होने लगे।
सुधा कन्द के बीज विमल बोने लगे।
उज्ज्वलतारे शान्त गगन भी नील है।
प्रकृति ढाल में जड़े हीर के कील हैं।।

एलिस : किन्तु कुमारी समय का भी क्या ही प्रभाव है -
हुआ काकरव क्लान्त, कोकिला खुल पड़ी।
लगी बुलाने उसे आँख जिससे लड़ी।।
मलयानिल भी मधुर कथा का भार ले।
चला मचलता हुआ सुमन का सार ले।।

कार्ने. : (बात बदलते हुए) सखी, वह सब क्या दिखायी पड़ रहा है ?

एलिस : तरूश्रेणी में सौध सुशैल समान ये।
नागरिकों के हैं प्रमोद उद्यान ये।।
क्यारी में हैं कुसुम विटप मन भावने।
आरोपित हैं यथास्थान काटे, बने।।

कार्ने. : क्यों सखी ? क्या उनको काट-छाँट देने से उनका स्वाभाविक सौंदर्य बिगाड़ा नहीं जाता क्या वे उसी तरह

नहीं भले मालूम होते ?

एलिस : नागरिकों के है प्रमोद की वस्तु ये।
बढ़ सकते है नहीं यथेप्सित अस्तु ये।।
उल्लासित हो जिसने हाथ बढ़ा दिया।
यथास्थान रहने को वह काटा गया।

कार्ने. : प्यारी सखी -
प्रकृति उदार करों से जो पाले गये।
नीरद से जल-बिन्दु जहाँ डाले गये।
उन बधिंत तरुवृन्द प्रफुल्ल सुबास से।
कर सकते समता न अहो ! ये दास से।।

एलिस : कुमारी ! एक बात कहना तो मैं भूल ही गयी, अच्छा न कहूँगी।

कार्ने. : क्या-क्या ? कह दे, तुझे कहना ही होगा।

एलिस : उस दिन सिन्धु तट के शिविर के बाहर जब हम लोग घूमने गयी थी तब वहाँ एक युवक दिखायी पड़ा था, जिसे तुम बहुत घूम-घूमकर देख रही थीं -

कार्ने. : (रोक कर) मैं क्यों देखने लगी। तूनी ही कहा कि कोई शत्रुपक्ष का सैनिक है। हम लोगों को बढ़ चलना चाहिए।

एलिस : (हँसकर) हाँ हाँ, तो फिर इतना क्रोध क्यों करती हो सुनो, वही भारतवर्ष का राजा चन्द्रगुप्त था, शिकार खेलते-खेलते उधर आ गया था।

कार्ने. : (अनमनी होकर) होगा। क्या कोई शिविर से दूत आया है?

एलिस : हाँ ! कहता था कि शहंशाह सिल्यूकस को कुछ चोट आ गयी है।

कार्ने. : हाय ! सखी मैं बाबा को देखने शीघ्र जाऊँगी। तू भी चल।

एलिस : चलूँगी क्यों नहीं, अच्छा तैयारी करने की आज्ञा दे दें। (जाती है)

[पटाक्षेप]

पञ्चम दृश्य

(सिल्यूकस का शिविर)

कार्ने. : बाबा ! क्षमा करना। मेरा हृदय नहीं मानता था। युद्ध का समाचार सुनकर मैं न ठहर सकी, आपने मुझे क्यों हटा दिया था, अब मैं कहीं न जाऊँगी।

सिल्यूकस : बेटी ! तू आ गयी, इससे मैं क्रोधित नहीं हूँ। मेरे हृदय को तुमसे ढाढस मिलेगा।

कार्ने : बाबा ! क्या विजेता सिल्यूकस को भी चन्द्रगुप्त ने पराजित किया।

(सिल्यूकस चुप रह जाता है ! नेपथ्य में कोलाहल ! रणवाद्य)

सिल्यूकस : हैं ! यह क्या

कार्ने : बाबा मैं बाहर देखती हूँ, क्या है। (जाती है।)

(चन्द्रगुप्त के साथ सैनिकों का प्रवेश। सिल्यूकस को घेरकर तलवार छीन लेते हैं वह निश्चेष्ट खड़ा रह जाता है)

चन्द्रगुप्त : क्यों ग्रीक सम्राट् ! क्या युद्धि-पिपासा अभी नहीं मिटी ? भारत को क्या आप लोगों ने मृगया का स्थान समझ लिया है। यह नहीं जानते कि मृगेन्द्र भी उसी कानन में रहता है।

(सिल्यूकस चुप रह जाता है। कार्नेलिया का प्रवेश दौड़कर वह सिल्यूकस से लिपट जाती है)

चन्द्रगुप्त : (स्वगत) आह ! यह तो वही सुन्दरी है। चर ने ठीक ही कहा था।

सिल्यूकस : बेटी ! तू इन लोगों से मेरे लिए कुछ प्रार्थना मत करना। यह सदैव ध्यान रखना कि ग्रीक-रक्त तेरे अंग में है।

कार्ने. : बाबा ! क्या मैं सिल्यूकस की कन्या नहीं हूँ ! क्या आप वीरों की तरह मरना नहीं जानते ? (चन्द्रगुप्त को देखकर) सुन्दर युवक !

चन्द्रगुप्त : (स्वगत) सिंह के योग्य सिंहिनी है। (प्रगट) मैं इस का परिणाम तुम्हारे ही ऊपर छोड़ता हूँ। ग्रीक-सम्राट क्या फिर आर्य वीरों से लड़ेंगे ? आशा है कि तुम इसे बड़ी सरलता से हल कर सकती हो और तुम से दो-एक दिन में उत्तर मिलेगा। (सिल्यूकस से) आप मुक्त हैं। अब मैं जाता हूँ।

षष्ठ दृश्य

(दुर्ग का उद्यान। सिल्यूकस)

सिल्यूकस : आह ! बड़ी वेदना ! घोर अपमान ! क्या इसका प्रतिशोध नहीं लिया जा सकता !

(साइबर्टियस और मेगस्थिनीज़ का प्रवेश)

साइबर्टियस : (अभिवादन करके) सम्राट् ! चन्द्रगुप्त की सेना ने चारों ओर से ऐसी व्यूह रचना की है कि इस दुर्ग को भी आप घिरा समझिये।

सिल्यूकस : क्यों ? उसने तो हम लोगों को मुक्त कर दिया था। फिर अवरोध क्यों?

मेगस्थिनीज़ : यह उसके मंत्री चाणक्य की चाल है। उसने प्रसिद्ध कर रखा है कि 'यह सेना आप लोगों को रोकने के लिए नहीं प्रत्युत आपकी रखवाली के लिये है।'

सिल्यूकस : उन लोगों का तात्पर्य क्या है ? जब एक बार मैत्री हो गयी फिर ऐसा क्यों ?

मेगस्थिनीज : सम्भव है कि वह कुछ नियम स्वीकार कराना चाहता हो।

सिल्यूकस : क्यों ? क्या ग्रीक इतने कायर हो गये ?

साइबर्टियस : आपको अपने उस रक्षित साम्राज्य का भी ध्यान रखना चाहिए।

सिल्यूकस : क्या कोई नया समाचार उधर से आया है।

साइबर्टियस : आण्टिगोनस शीघ्र ही सीरिया पर चढ़ाई किया चाहता

है (पत्र देकर) इसे पढ़ लीजिये उसका ध्यान करके चन्द्रगुप्त से सन्धि कर लेना ही ठीक होगा। क्योंकि यह आपका प्रबल शत्रु है जो आपके समीप है।

सिल्यूकस : (पत्र पढ़कर) अच्छा मैं यह कार्य तुम दोनों आदमियों के ऊपर छोड़ता हूँ। इसे जैसा ठीक समझो, करो। (दोनों जाते है) कार्नेलिया से भी तो पूछूँ वह क्या कहती है। (जाता है)

[पटाक्षेप]

सप्तम दृश्य

[प्रकष्ठ - कार्नेलिया गाती है]

(पद्य सोहनी)

कैसी कड़ी रूप की ज्वाला।
पड़ता है पतंग-सा इसमें, मन का ढंग निराला।
सान्ध्य गगन-सी रागमयी यह बड़ी कड़ी है हाला।।
काँटे छिपे गुँथे हैं इसमें है फूलों की माला।
चुभने पर नहिं अलग हृदय से, मन होगा मतवाला।।

श्रृंगार और वीर का कैसा सुन्दर समावेश है। अहा कैसी वीरत्व व्यंजक मुखाकृति है! वह एक बार, केवल एक बार देखकर भुलायी जा सकती थी। पर यह दूसरा दर्शन दुबारा खींची हुई मदिरा की तरह हृदय को उन्मत्त बनाये देता है। (ठहरकर) किन्तु बाबा को उसने पराजित किया। बन्दी बनाया। फिर मेरा हृदय क्यों उसकी ओर इतना आकर्षित होता है। कभी नहीं, कभी नहीं। मैं अपने हृदय को उसकी ओर से फेरूँगी। (ऊपर देखकर) कौन, तू मुझे भुलाने आयी है क्या ? वह मुक्त कर देना याद दिलाती हैं, हाँ, हाँ मैं उसे न भूलूँगी, उसके लिए मैं कृतज्ञ हूँ पर इसका परिणाम भी तो मेरे ऊपर छोड़ा गया है (ठहरकर) क्या करूँ ? हाँ, क्या कहा था कि 'आप मुक्त है, अब मैं जाता हूँ।' अहा क्या ही सुरीला कण्ठस्वर था ! कैसा उन शब्दों का प्रभाव था। (गाती है)

(पद्य विहाग)

जैसी मधुर मुरलिया श्याम की।
तैसी गूँज रही है बोली प्यारे मुख अभिराम की।

हुए चपल मृग नैन मोह वश बची विपञ्ची काम की।।

फैल रही है मधुर माधवी गन्ध अंग छविधाम की।

रूप सुधा के दो प्याले दृग ने ही मति बे काम की।।

आह ! आलोक ! छाया ! सौन्दर्य ! संगीत ! सुगन्ध ! सब चन्द्रगुप्त ! क्या करें वह नहीं हटा है, मेरी आँखों का तारा हो रहा है (बैठ जाती है। सिल्यूकस का प्रवेश। एक और खड़ा हो जाता है)

कार्ने. : चन्द्रगुप्त ! मैं ग्रीक-सम्राट् की कन्या, तुम हिन्दू राजकुमार। क्या किया जाय। बाबा ! क्या तुम मेरा आन्तरिक भाव बिना कहे नहीं समझ सकते ?

सिल्यू. : (प्रकट होकर) क्या है बेटी, क्यों उदास हो, क्या मेरे सोचे ने तुम्हें जगा रखा था, तेरा स्वास्थ्य तो ठीक है न ?

कार्ने : (घबराकर) नहीं बाबा ! अब कब यहाँ से चलियेगा ?

सिल्यू. : शीघ्र चलूँगा, बेटी क्या तुम्हारी राय है कि मैं चन्द्रगुप्त से सन्धि कर लूँ, जिस तरह वह कहे।

कार्ने. : हाँ, बाबा। शीघ्र चलिये।

सिल्यू. : जाओ सो रहो, तुम्हारा स्वास्थ्य ठीक नहीं मालूम होता।

(दोनों का प्रस्थान)

[पटाक्षेप]

अष्टम दृश्य

(उद्यान में मेगस्थिनीज और सिल्यूकस)

सिल्यू. : कोई अच्छा समाचार तुम ले आये होगे, शीघ्र कहो।

मेगा. : सम्राट ! सन्धि करने पर तो हिन्दू लोग प्रस्तुत हैं, पर नियम बड़े कड़े है। वे कहते हैं कि 'सिन्धु के उस तट के कुछ देश हम लोग लेंगे और ...'

सिल्यू. : चुप क्यों हो गये, कहो, वे नियम चाहे कितने ही कड़े हों पर मैं उन्हें ध्यान से सुनना चाहता हूँ।

मेगा. : सुनिये, चन्द्रगुप्त का प्रधान मंत्री चाणक्य ब्राह्मण है, उसने कहा कि यदि सन्धि-बन्धन दृढ़ रखना चाहें तो ग्रीक सम्राट् अपनी कन्या का विवाह महाराज चन्द्रगुप्त से कर दें। तब, सम्भव है कि महाराज चन्द्रगुप्त भी उपस्थित ग्रीस-विप्लव में तुम्हारी कुछ सहायता करें।

सिल्यू. : क्या चन्द्रगुप्त को मालूम हो गया कि आण्टिगोनस से और हमसे शीघ्र कोई लड़ाई होने वाली है।

मेगा. : इतना ही नहीं, उसका मंत्री चाणक्य कहता था कि 'सिकन्दर' के साम्राज्य में जो भावी ग्रीस-विप्लव है उसे मैं अच्छी तरह समझ रहा हूँ। ऐसी अवस्था में सिल्यूकस भारत की आशा छोड़ें। उनको सीरिया मिलना भी कठिन हो जायगा। इस कारण ग्रीक-सम्राट् यदि चन्द्रगुप्त को अपना बन्धु बनायेंगे तो उनको बहुत-कुछ सहायता मिलेगी। इसके अतिरिक्त इस विशाल

भारत की सम्राज्ञी भी तो उन्ही की कन्या होगी। मनुष्य सन्तान के लिए ही सब कुछ करता है, इस सम्बन्ध से भारत का साम्राज्य भी आपके प्रेम-बन्धन में बँधा रहेगा।

सिल्यू. : मेगस्थिनीज़, इन हिन्दुओं में केवल बाहुबल की ही प्रधानता नहीं हैं बल्कि ये बड़े तीक्ष्ण बुद्धि भी होते हैं। (ठहरकर) क्या इन भीमकाय हाथियों का झुण्ड सीरिया युद्ध में कुछ काम दे सकता है ?

मेगा. : सम्राट। मेरी समझ में तो ये अवश्य आपको विजय दिलायेंगे।

सिल्यू. : किन्तु, दो भिन्न जातियों में विवाह किस प्रकार हो सकता है।

मेगा. : क्या आप उस पारस-कुमारी का ध्यान भूल गये जो राजकुमारी की गर्भधारणी थीं।

सिल्यू. : (स्वगत) बेटी की अनुमति तो एक प्रकार से मिल चुकी है। वह तो चन्द्रगुप्त पर अनुरक्त हुई है। (प्रगट) क्या तुम्हारी इच्छा है कि यह सन्धि जिस प्रकार हो अवश्य कर ली जाय।

मेगा. : भारत-सम्राट से ग्रीक-सम्राट् यदि सम्बन्ध रखें तो यह अच्छी बात है, क्योंकि यह सर्वथा उपयुक्त है।

सिल्यू. : अच्छा। (दोनों जाते हैं)

[पटाक्षेप]

नवम् दृश्य

(चन्द्रगुप्ता-बैठा है। तरलिका पान ले आती है। दरबार)

चन्द्रगुप्त : तरलिके ! आज पान तो बहुत ही अच्छा लगाया है। बहुत दिनों से इधर ऐसा स्वाद पान का नहीं मिला था।

तरलिका : प्रभु की रुचि विचित्र है। मैं इतनी प्रशंसा के योग्य नहीं हूँ।

चन्द्रगुप्त : तरलिके ! मैं सच कहता हूँ।

तरलिका : नाथ ! जब चित्त को प्रसन्नता मिलती है तब बुरी वस्तु भी भली मालूम होती है।

चन्द्रगुप्त : तरलिके ! मैं तुम्हें देखकर बहुत प्रसन्न होता हूँ।

तरलिका : महाराज, बहुत दिनों के बाद आज मैंने एक माला बनायी है, उसे आप स्वीकार करें।
(माला पहना देती है)

चन्द्रगुप्त : (हँसकर) इन फूलों का रस तो भँवरे ले चुके हैं।

तरलिका : (हँसकर) महाराज। यह तो भँवरों की ही घृष्टता है, कलियों का क्या दोष ?

(गाती है : राग माँड़)

पाया जिसमें प्रेम-रस सौरभ और सोहाग,
अली उसी ही कली से मिलता सह-अनुराग।
अली नहिं एक कली का है।
कुसुम धूलि से पूर हो चलता है उस पन्थ।
डरे न कण्टक को अली पढ़े प्रेम का ग्रन्थ।

अली नहिं एक गली का है।
रजनी में सुख केलि को किया कमलिनी पास।
भयी मुद्रिता तब तुरत अली चमेली पास।
पढ़े यह पाठ छली का है।
चाहे होय कुमोदिनी या मल्ली का पुञ्ज।
अलि को केवल चाहिए सुखमय क्रीड़ा कुञ्ज।।
सुप्रेमी रंगरली का है।
अली नहिं एक कली का है।

चन्द्रगुप्त : तरलिके ! कविता नयी है।

तरलिका : (हँसकर) महाराज समय ही नया है।

चन्द्रगुप्त : तरलिके ! मैं तुमसे इस समय बहुत प्रसन्न हुआ अच्छा जाओ।

(तरलिका का प्रस्थान। दौवारिक का प्रवेश)

दौवारिक : महाराजधिराज की जय हो। महामात्य चाणक्य जी आ रहे हैं।

(चाणक्य का प्रवेश चन्द्रगुप्त उठकर उन्हें बिठाता है)

चन्द्रगुप्त : गुरुदेव ! सन्धि क्या स्वीकृत हो गई ? (हँसकर) आपकी मन्त्रणा बड़ी गूढ़ होती है। कुछ समझ में नहीं आती।

चाणक्य : वत्स ! तुम राजा ठहरे, तुम्हीं सोचो कि शत्रु को पाकर भी तुमने क्यों छोड़ दिया ? वह भी क्या हमारी मन्त्रणा से किया गया था ?

चन्द्रगुप्त : गुरुदेव ! एक वार एक ग्रीक-सम्राट् ने महाराज पुरु के साथ ऐसा ही व्यवहार किया था।

चाणक्य : अस्तु, अब तुम्हें मालूम हो जाता है चाणक्य ने क्या किया।

(तूर्य्यनाद दौवारिक के साथ सिल्यूकस, कार्नेलिया, साइबर्टियस और मेगास्थिनीज़ का प्रवेश। चाणक्य सबको यथास्थान बिठाता है)

सिल्यूकस : महाराज चन्द्रगुप्त ! आपके शौर्य से हम बहुत प्रसन्न है।

चन्द्रगुप्त : यह आपकी महानुभावता है।

सिल्यूकस : मैं आपसे सहर्ष मैत्री करूँगा !

मेगास्थिनीज : और यह बन्धन दृढ़ होवे इसीलिए राजकुमारी का विवाह भी महाराज चन्द्रगुप्त से हो जाये तो अच्छा है।

चाणक्य : हाँ ठीक है। दो बालू के करारों को यथास्थान ठीक रखने के लिए एक सरला सरिता की आवश्यकता है।

चन्द्रगुप्त : (सलज्ज) जैसी गुरुवर की आज्ञा।

(सिल्यूकस-कार्नेलिया को साथ में लिये बढ़ता है। चाणक्य, चन्द्रगुप्त से कल्याणी का हाथ मिला देता है। दोनों साथ बैठते है, चन्द्रगुप्त उसे माला पहनाता है और वह सादर ग्रहण करती है)

सिल्यूकस : बेटी ! इससे उपयुक्त वर तुम्हारे लिए मैं नहीं खोज सकता था। और पिता का कन्या के लिये यही प्रधान कर्तव्य है।

कल्याणी : जैसी पिता की आज्ञा।

सिल्यूकस : और तुम्हें उपहार स्वरूप में आरकोसिया और जैड्रोसिया आदि प्रदेश देता हूँ।

कल्याणी : बाबा ! क्या आप मुझे यहाँ छोड़ देंगे।

सिल्यूकस : नहीं बेटी ! मेगास्थनीज बराबर यहाँ आया करेगा।

चाणक्य : तो क्या आप शीघ्र स्वदेश की ओर प्रस्थान कीजियेगा।

सिल्यूकस : मुझे अपने एक प्रबल शत्रु से सामना करना होगा।

चाणक्य : सेनानी चण्डविक्रम एक बड़ी सेना हाथियों की लेकर आपकी सहायता को जायँगे।

सिल्यूकस : अच्छी बात है।

(नर्तकीगण आकर गाती हैं)

("पपीहा काहे" की धुन)

सखी सबही विधि मंगल आज।

सब मिलके आनन्द मनावें अचल रहे यह राज!
अपने भुजबल से किया, अर्जित नव साम्राज।
ऐसे श्री सम्राट् का, अविचल हो यह राज।।
गौरव लक्ष्मी ग्रीस की, अर्द्धांगिनी सी वाम।
कल्याणी को देखकर पूर्ण हुआ मन काम।।
जिसके बल के सिन्धु में, गज सम थके अराति।
चंद्रगुप्त-भुज वे सदा, सबल रहें सब भाँति।।
रहे आनन्दित राज समाज,
आवें गावें विमल कीर्ति सब देवांगना समाज।
जिसकी प्रतिभा -नदी में, शत्रु-विघ्न द्रुम-मल।
उन्मज्जित हों, सो जयति, विष्णुगुप्त अनुकूल।
सुखी हो भारत विज्ञ समाज,
भारत की यह कथा विजयिनी रहे सदा सिरताज।
सखी सबही विधि मंगल आज।
जय महाराज श्री चन्द्रगुप्त की जय !!

[पटाक्षेप]